桃李馨香

杭州职业技术学院名师名匠风采录

杭州职业技术学院
编写组 著

TAOLI QINXIANG
HANGZHOU ZHIYE JISHU XUEYUAN
MINGSHI MINGJIANG
FENGCAI LU

ZHEJIANG UNIVERSITY PRESS
浙江大学出版社
·杭州·

图书在版编目（CIP）数据

桃李馨香：杭州职业技术学院名师名匠风采录 / 杭州职业技术学院编写组编. -- 杭州：浙江大学出版社，2022.10

ISBN 978-7-308-23041-4

Ⅰ. ①桃… Ⅱ. ①杭… Ⅲ. ①杭州职业技术学院—优秀教师—先进事迹 Ⅳ. ①K825.46

中国版本图书馆CIP数据核字（2022）第171942号

桃李馨香：杭州职业技术学院名师名匠风采录
杭州职业技术学院编写组　编

责任编辑	卢　川
责任校对	陈　欣
封面设计	周　灵
责任印制	范洪法
出版发行	浙江大学出版社
	（杭州天目山路148号　邮政编码：310007）
	（网址：http://www.zjupress.com）
排　　版	浙江时代出版服务有限公司
印　　刷	杭州钱江彩色印务有限公司
开　　本	710mm×1000mm　1/16
印　　张	12.75
字　　数	198千
版 印 次	2022年10月第1版　2022年10月第1次印刷
书　　号	ISBN 978-7-308-23041-4
定　　价	58.00元

目 录

名师名匠名录

安蓉泉
An Rongquan
二级教授

白志刚
Bai Zhigang
教授

蔡海涛
Cai Haitao
教授

曹　桢
Cao Zhen
全国技术能手

陈　楚
Chen Chu
全国五一劳动奖章获得者，
浙江省首席技师

陈德文
Chen Dewen
教授级高级工程师

陈加明
Chen Jiaming
教授

陈岁生
Chen Suisheng
三级教授

陈晓红
Chen Xiaohong

教授

陈燕萍
Chen Yanping

教授

陈　郁
Chen Yu

教授

陈云志
Chen Yunzhi

教授

程利群
Cheng Liqun

三级教授

戴凤微
Dai Fengwei

教授

丁学恭
Ding Xuegong

二级教授

范昕俏
Fan Xinqiao

浙江省技术能手

高永梅
Gao Yongmei

教授

葛海江
Ge Haijiang

教授

龚仲幸
Gong Zhongxing

教授

郭伟刚
Guo Weigang

教授

何连军
He Lianjun

教授

何 艺
He Yi

教授

洪永铿
Hong Yongkeng

教授

贾文胜
Jia Wensheng

二级教授

金 波
Jin Bo

教授

柯乐芹
Ke Leqin

三级教授

李 客
Li Ke

教授级高级工程师

梁宁森
Liang Ningsen

三级教授

廖志林
Liao Zhilin

教授

林春树
Lin Chunshu

教授

林海平
Lin Haiping

三级教授

林　茹
Lin Ru

教授

刘建宽
Liu Jiankuan

教授

刘　瑛
Liu Ying

教授

龙　艳
Long Yan

教授

楼晓春
Lou Xiaochun

三级教授

卢华山
Lu Huashan

教授

芦京昌
Lu Jingchang

三级研究员

陆叶强
Lu Yeqiang

教授

罗晓晔
Luo Xiaoye

教授

骆国城
Luo Guocheng

教授

吕路平
Lü Luping

教授

吕伟德
Lü Weide

三级教授

麻朝晖
Ma Zhaohui

教授

马占青
Ma Zhanqing

教授

孟　伟
Meng Wei

全国技术能手，浙江工匠

潘建峰
Pan Jianfeng

教授

饶君凤
Rao Junfeng

教授

沈海娟
Shen Haijuan

三级教授

施丽娜
Shi Lina

教授

童国通
Tong Guotong

教授

王惠姣
Wang Huijiao

教授

王丽霞
Wang Lixia

教授

王晓华
Wang Xiaohua

研究员

王　赟
Wang Yun

浙江省首席技师

王志强
Wang Zhiqiang

教授

温　颖
Wen Ying

教授

吴晓苏
Wu Xiaosu

教授

吴弋旻
Wu Yimin

教授

谢　川
Xie Chuan

教授

谢建武
Xie Jianwu

教授

谢萍华
Xie Pinghua

三级教授

徐高峰
Xu Gaofeng

教授

徐明仙
Xu Mingxian

教授

徐时清
Xu Shiqing

教授

徐振宇
Xu Zhenyu

教授

许普乐
Xu Pule

教授

许淑燕
Xu Shuyan

教授

杨 安
Yang An

教授

杨 娟
Yang Juan

教授

杨 强
Yang Qiang

教授

姚超英
Yao Chaoying

教授

叶鉴铭
Ye Jianming

二级研究员

袁江军
Yuan Jiangjun

三级教授

张 虹
Zhang Hong

教授

张洪宪
Zhang Hongxian

三级教授

张惠燕
Zhang Huiyan

教授

张守运
Zhang Shouyun

教授级高级工程师

张赵根
Zhang Zhaogen

教授

章瓯雁
Zhang Ouyan

三级教授

郑健壮
Zheng Jianzhuang

教授

郑小飞
Zheng Xiaofei

省技术能手

郑永进
Zheng Yongjin

三级教授

支明玉
Zhi Mingyu

教授

周水琴
Zhou Shuiqin

教授

周小锋
Zhou Xiaofeng

教授

邹宏秋
Zou Hongqiu

三级教授

安蓉泉

男，1956年生。山西阳曲人。二级教授。1979年12月至2009年8月，先后任杭州市委党校资料员、教师、党建教研室副主任、理论研究所所长、副校长、主持工作副校长；2009年9月至2012年11月，任杭州市委党史研究室主任；2012年12月至2017年11月，任杭州职业技术学院党委书记。现任杭州市政府参事、杭州市委市政府决策咨询委员会委员、浙江省宋韵文化研究传承中心专家、浙江省钱塘江文化研究会副会长、浙江大学和同济大学客座教授等。

主要致力于地方政策、党的建设、职业教育、城市文化研究，主持完

成国家社科规划基金资助课题 3 项、省社科规划基金资助课题 5 项、杭州市委市政府委托课题 30 余项。撰写的课题报告、调研报告、论文等先后被人大复印资料 14 个专题转载 40 篇。在《中共中央党校学报》《国家行政学院学报》《中国高教研究》等学术性期刊以及国务院体改办《改革内参》、财政部《经济研究参考》等报刊发表学术论文、研究报告 200 余篇。代表性论文有《探索混合所有制职业院校的几点理性思考》《浙江新兴民间组织党建工作研究报告》《地方政府决策机制的认识与实践问题分析》《杭州城市创新能力存在的问题和政策建议》《民办非企业单位党建工作研究》《提高依法行政和行政效能统一性问题研究》等。代表性专著有《发达地区新兴民间组织的发展及其党建工作研究》《杭州城市问题研究》《高职教育难题探索》《文化民宿》《中华文化的窗口》《往事光影》等。《中华文化的窗口——解读杭州优秀传统文化》一书，被杭州亚运会组委会译成英文出版，将于亚运会期间赠送参赛人员。

作为从首届至今连任的市委决策咨询委员会特聘专家，长期参与市委、市政府一系列重大决策的前期调研、论证和相关报告撰写工作，研究报告获浙江省和杭州市党政主要领导批示 30 余件。在持续研究地方政策的同时，关注职业教育研究，在《中国高教研究》《人民日报》《光明日报》《中国教育报》《中国青年报》《南方周末》等报刊发表职业教育论文、调研报告、短论 33 篇。获中组部、中央党校、浙江省政府、浙江省委组织部、浙江省委宣传部、浙江省委党校、浙江省教育厅课题、论文、教育成果等各类评奖一、二、三等奖 60 余项。应邀到上海同济大学职教学院、北京北大方正软件技术学院、天津城市职业技术学院、广州城市职业技术学院、无锡职业技术学院、山东理工职业技术学院、浙江机电职业技术学院等全国 30 多个城市的 50 多所院校，介绍杭州职业技术学院"课程思政""党建结合点"的理论思考和实践步骤。

白志刚

　　男，1966 年 4 月生。河南开封人。1989 年毕业于中国美术学院。访学于日本神户艺术工科大学大学院、浙江理工大学，在新加坡理工大学、英国伦敦时装学院做短期学习。曾从教于郑州轻工业学院，任服装系系主任，现任杭州职业技术学院艺术设计专业负责人。教授，国家一级纺织面料设计师高级技师，省级专业负责人，杭州市优秀教师，杭州职业技术学院优秀教学名师，教育部高等学校高职高专艺术设计专业教学指导委员会优秀指导教师。

　　杭州第十一届政协委员。现任中国高等职业教育协会家用纺织品教学指导委员会委员，中国纺织服装教育学会拼布艺术设计教育委员会委员，浙江省色彩流行协会浙江色彩教育委员会理事，河南科技学院硕士生导师。曾任浙江省服装行业协会制版师分会副秘书长。

　　从事纺织服装设计教育教学研究工作，主要研究方向为纺织面料纹样及流行趋势应用。专业研究成果有："服装设计与文化""色与色感""日本传统图案的表现特性""现实题材丝绸装饰纹样""中国丝绸面料中鸟纹样的造型艺术探析""论后经济危机时代纺织服装企业的发展思路"。

　　专业建设及教学管理方面的研究成果有"基于整体职业能力培养的高职服装专业课程体系研究""高职服装专业整体职业能力课程体系设计""构建基于工作过程的整体化课程体系培养高素质纺织品设计人才""校企联合在培养纺织品设计人才中的优势"，出版有《21世纪中国美术家白志刚》等四部专著和教材。

　　主持课题有浙江省哲学社会科学规划课题"基于纺织服装产业转型升级的高技能人才培养研究"，浙江省教育科学规划重点研究课题"高校艺术专业教育的大众化与质量观的重构"，浙江省人力资源和社会保障厅课题"助力杭州纺织服装产业发展，打造'名城工匠'人才培养"和"校企联合在培养纺织品设计人才中的优势"等。

　　主持教改项目2次获得中国纺织工业联合会纺织职业教育教学成果二等奖。设计作品获得第五届海宁·中国经编设计大赛户外旅游用品设计比赛银奖和最佳工艺奖。

　　曾在清华大学国际交流中心做主题为《中国图纹文化是形象产业创意之魂》等多场讲座。

　　曾担任上海国际服装博览会中西部赛区评委，北京国际服装高校"师生杯"服装设计大赛评委，杭州未来之星高等院校服装设计大赛评委，中国皮革服装设计大赛评委，中国国际家用纺织品创意设计大赛评委，浙江省家用纺织品设计师职业技能竞赛评委，柯桥·中国国际礼服设计大赛评委。

蔡海涛

男，1957年4月生。浙江宁波镇海人。机械工程教授，高级工程师。

1982年合肥工业大学真空专业毕业，工学学士。在兰州真空设备厂、浙江真空设备厂及杭州西泠制冷电器制造有限公司等大型国企工作20余年，具有产品研发与技术管理等工作背景。1987
年主持研发国内领先的JT-1400W同轴磁控溅射真空镀膜机，获得甘肃省人民政府科技进步奖三等奖和甘肃省优秀新产品新技术奖二等奖。1999年主持建设省级大型CAD工作站，获得浙江省医药局科技进步奖一等奖。

2004年6月调入杭州职业技术学院机械设计与制造专业，主要从事机械工程类教学与科研工作，在校期间曾担任专业负责人、机制教研室主任及机械设计与制造研究所主任。

教学方面，主要担任机械加工工艺、机械制造基础、特种加工、先进制造技术等多门专业课程主讲教师，带领机械设计与制造专业教学团队完成学校安排的各项教学和教研任务。曾先后获得学校的"优秀教师""优秀教育工作者""校企合作先进个人""暑期社会实践优秀教师""学生社团优秀指导教师"等多项个人荣誉。

科研方面，2011年主持国家级科研课题"大规模海水淡化用真空装置"，该项目获得科技部科技型中小企业技术创新基金70万元资助。主持省、市级及企业横向课题多项，获得"海水淡化装置及方法""一种猪粪及养殖污水处理系统及其处理方法"等4项国家发明专利和10多项国家实用新型专利。在国内《真空科学与技术学报》《真空》《真空与低温》《中国畜牧杂志》等国内核心期刊发表10多篇科研论文。

曹 桢

男，1980 年 10 月生。江苏靖江人。大学本科，中共党员，毕业于北京外国语大学，国家职业技能鉴定高级考评员，全国纺织行业职业技能竞赛裁判员，2016 年公派到意大利米兰理工大学、都灵理工大学游学，先后任职于研色时装、杭州时尚轩服饰等多家企业，2017 年作为高层次人才引进，现任职于杭州职业技术学院服装设计与工艺专业，高级技师，副高职称。

服装设计专业制版师，长期从事一线技术操作和技能人才培养工作，作为杭州地区唯一一家由全国技术能手领衔、同时具有高校副高职称的杭州市曹桢服装制作技能大师工作室，一直坚持产、学、研为一体，深度开展校企合作，通过传、帮、带，使技艺技能得到传承，为企业培养青年技

术技能骨干，为高校教师教学改革提供支持，将真实的案例带进课堂，通过技能大师工作室平台，开展带徒传艺、技术攻关、技艺传承、技能推广、技能创新等工作。为企业解决生产技术难题，培养高技能人才，推动技术进步和企业转型升级。以工匠传工匠、大师带大师的模式，为企业生产技术发展、技术革新和高校技能人才培养作出了一定贡献。2016年作为主要成员参与建设中式服装旗袍国家教学资源库。目前服务社会人士、院校学生共计3万余人次，先后培养取得服装制版师职业技能资格证书的高级技师73人、技师50人、高级工438人。指导学生参加技能大赛，获全国高职院校服装设计与工艺制作大赛一等奖1项、二等奖1项；浙江省高职院校服装设计与工艺制作大赛一等奖3项、三等奖以上5项，其中1名在2016年浙江省服装定制工技能大赛中荣获"浙江省技术能手"称号。

在科研方面，累计横向到款额35万元，专利转化115万元。已授权发明专利5项、软件著作权2项，撰写学术论文4篇。

主要获得荣誉："全国技术能手"、"全国十佳制版师"、教育部"企业技术技能大师"、全国技能人才培育"突出贡献奖"、全国职业教育"先进工作者"、浙江省"百千万"高技能领军人才培养工程第二层次"拔尖技能人才"、"浙江省金蓝领"、杭州市高层次"C类"人才、"杭州市大学生创业导师"、"杭州市技能大师工作室"、"达利女装第一党支部党员头雁工作室"等。参与1项国家标准的制定，获得世界纪录1项。

陈　楚

　　男，1979 年 3 月生。中共党员，本科学历，1998 年 10 月至 2017 年 2 月在相关企业就职，工作认真负责、技术过硬、攻坚克难，并积极参与新产品的开发与实验，对企业的发展作出了自己应有的贡献。于 2017 年 2 月以杭州市高层次"C 类"人才引进杭州职业技术学院，进校 5 年多以来，积极发挥个人所长，一直扎根教学一线，埋头苦干。在教学改革、科研方面取得了较大的成绩，顺利完成了工作角色的转换，致力培养学生参加各项技能比赛。

　　指导学生及青年教师参加国家级第十五届、第十六届振兴杯技能比赛，

荣获一等奖 3 个（3 个第一名）、二等奖 1 个（第九名）；省级比赛荣获一等奖 4 个（3 个第一名）、二等奖 1 个；市级比赛一等奖 2 个（2 个第一名）、二等奖 3 个；指导学生参加第十五届、第十六届振兴杯技能比赛，荣获"全国技术能手"1 人次，荣获"全国青年岗位能手"4 人次；荣获"浙江省青年岗位能手"5 人次；荣获"杭州市青年岗位能手"3 人次；荣获"国家奖学金"2 人次；获评杭州市高层次"C"类人才 1 人次，"D"类人才 1 人次，指导学生参加挑战杯等比赛获得省级三等奖 3 项；负责主持开发 2018 年度浙江省钳工初级—高级技师技能等级题库及考试指南（由浙江省职业技能鉴定指导中心主导），已授权发明专利 1 项、实用新型专利 18 项，发表核心论文 1 篇，完成横向课题 3 个。

获全国五一劳动奖章国家荣誉 1 项；获浙江省劳动模范、浙江省首席技师、浙江省五一劳动奖章、浙江省青年岗位能手省部级荣誉 5 项；多次获得浙江省、杭州市、绍兴市技能比赛第一名；曾获杭州市杰出青年岗位能手，杭州市第五届"杭州工匠"，杭州市教育系统优秀党员，在杭州市教育工会名师名医乡村工作室评选中获"杭州工匠陈楚工作室"称号，杭州市第六届最美杭州人"感动杭城"十佳教师等市级荣誉 12 项。

陈德文

　　男，1978 年 7 月生。湖北利川人。博士，正高级工程师，九三学社社员。现任杭州职业技术学院生态健康学院食品检验检测技术专业老师。现为国家标准审核员、国家标准立项评估技术专家，全国玩具标准化技术委员会委员，全国质量监管重点产品检验方法标准化技术委员会委员，政协金华市第七届委员。曾任浙江省化妆品标准化技术委员会第一届、第二届秘书长，曾获得浙江省青年岗位能手，义乌市第九届、第十届拔尖人才等称号。主持国家级、省部级等科研项目 10 多项，参与制修订国家标准 14 项，申请专利 7 项，发表论文 30 多篇，获得浙江省科技进步奖三等奖 1 项，中

国轻工业联合会科技进步奖三等奖 1 项，金华市科技奖进步奖三等奖 1 项，主要研究领域为产品质量安全与标准化。

在教学上，他是甘于担当奉献的"老黄牛"。自进入学校以来，充分发挥自己的业务优势，迅速转变角色，贯彻落实立德树人的教育方针，以求真务实创新的工作作风和爱岗敬业的创业精神，积极为专业发展争取各种资源，努力成为一名合格的老师，主动为学生实习对接就业或实习单位；作为一名新生班主任，贯彻落实党和国家的教育政策，强化政治引领为第一要务，引领学生树立正确的三观，为学生全面发展营造良好的氛围和引领创新的环境；作为一名高层次人才，围绕学校的中心工作，为"数字杭职，工匠摇篮"高质量发展贡献绵薄之力。

工作中严谨细致，精益求精，敢于创新。多年来，他刻苦钻研业务技术，不断提高专业水平；带领团队进行技术开发，解决各种技术难题。

同时，发挥专业优势，助力企业转型升级。多年来，他指导帮助企业制定标准 50 多项，为企业免费培训检验人员 300 多人次，帮助企业解决技术性难题 5 项，为我省行业企业的发展提供技术支持。

陈加明

男，1970年3月生。浙江浦江人。教授。1997年毕业于燕山大学锻压工艺及设备专业，同年7月入职杭州机械工学学校（杭州职业技术学院前身）担任专业教师。2009年担任杭州职业技术学院教务处处长。2014年4月至2021年2月担任杭州职业技术学院党委委员、副校长。

长期承担杭州职业技术学院重大项目建设工作。2006年担任学校创优办副主任，2008年担任示范办副主任，2011年担任学校国家骨干校建设项目管理办副主任，扎实推进骨干校建设工作，2015年作为主要负责人承担骨干校验收工作，学校最终以当年总分排名全国第一、"优秀"等级通过骨干校验收。2019年，全力推进双高建设工作，作为主要负责人之一带领团队扎实开展双高校申报工作，组建申报材料编写工作小组，精心组织撰写双高建设方案，最终学校成功入选国家双高院校。

积极推进创新创业教育改革。作为主要负责人，带领团队围绕"以实训促创业、以创业带就业"这一主线，坚持创业教育与专业教育相结合，将创业教育纳入人才培养体系，构建了"3334"的创业教育体系，在杭职院创建了全真创业环境的高职学生创业园，得到社会各界高度认可：2018年学校获评浙江省普通高校示范性创业学院，后又被教育部授予"2018年度全国创新创业典型经验高校"称号，是浙江省唯一入选的高职院校；在时任教育部部长袁贵仁主持的全国高校创新创业教育改革大会上，作为全国高职的唯一代表发言。

积极推进校企合作新发展。作为主要负责人与浙江省特种设备检验研究院合作共建特种设备学院，成效显著。经建设，电梯工程技术专业群成为国家双高专业群、国家现代学徒制试点专业，建成国家级专业教学资源库、省级电梯评估与改造应用技术协同创新中心。杭职院成为浙江特种设备安全与节能协会副理事长单位、全省第一家电梯维修工鉴定点（行业）、人社部"电梯安装维修工"国家职业技能标准编写组组长单位。创新的校企合作模式得到时任省委书记车俊，教育部副部长鲁昕、林蕙青等省部级领导高度赞扬。

深耕高职教育改革，在创新高职院校办学模式、推进高职院校创新创业教育、研究高职院校治理与改革等方面取得显著成绩："基于'创业带动学业'的高职院校创业教育体系构建与实践"荣获 2014 年国家教学成果奖二等奖（主持），"公共实训基地'杭州模式'的创新与实践"荣获 2018 年国家教学成果奖一等奖（2/7），"高职院校创业教育体系的构建与实践"获 2014 年省教学成果奖一等奖（主持），"基于校企共同体的实践教学模式创新与实践"获 2014 年省教学成果奖二等奖（5/5）。被认定为杭州市 C 类高层次人才，享受杭州市政府特殊津贴专家，被评为浙江省督学，获浙江省有突出贡献中青年专家荣誉称号。

陈岁生

男，1969 年 11 月生。湖北黄冈人。教授。1992 年毕业于湖北工业大学，2012 年获浙江大学控制工程硕士学位。长期在企业一线从事自动化技术研发和生产管理工作，2007 年起任教于杭州职业技术学院，现任友嘉智能制造学院教授、电气自动化技术专业负责人、第三党支部书记。获浙江省高职院校专业带头人、杭州市杰出教育工作者、杭州市教学名师、杭州市优秀教师、杭州市 131 中青年人才等荣誉称号。

担任友嘉智能制造学院第三党支部书记期间，带领支部党员奋力拼搏，党建工作取得突出成绩。2019 年荣获"浙江省担当作为好支书"荣誉称号，第三党支部先后多次荣获校级先进党支部、五星级党支部荣誉称号，2021 年入选浙江省第二批全省党建工作样板支部，2022 年入选第三批全国党建工作样板支部。

从事自动化、机器人和智能制造方向的专业教学和科研工作，主要研究方向为自动化控制装置、智能控制系统和自动化专业职教改革与实践。主持及参与浙江省科研计划项目、浙江省教育厅科研计划项目、杭州市重点科研计划项目、杭州市科研计划项目、企业重大科技攻关项目等 20 余项。在《浙江大学学报（工学版）》《传感技术学报》等国内期刊发表论文近 20 篇，获国家专利 24 项、省级科技成果鉴定 1 项、杭州市自然科学成果奖二等奖 1 项。指导学生参加国际、国家及省级创新竞赛获奖近 20 项，出版教材 3 部，其中《智能制造单元集成调试与应用》入选"十三五"国家职业教育规划教材、1+X 工业"机器人集成应用"证书配套教材。作为骨干成员，承担完成教育部工业机器人开放式公共实训基地、国家高技能人才培训基地（杭州市公共实训基地）电工电子与自动化实训中心、智能制造协同创新中心等项目建设。

陈晓红

女，1963年10月生。浙江杭州人。教授，高级经济师，国家二级人力资源管理师。先后就读于杭州电子科技大学财务会计专业和浙江大学软件工程专业，获工程硕士学位。曾在制造业、IT业和咨询服务业工作20余载，熟谙各类企业经营管理、技术管理和人力资源管理，具有丰富的行业经验和企业资源，2007年至今任杭州职业技术学院商贸旅游学院市场营销专业和电子商务专业教师，是电子商务国家级职业教育教师教学创新团队、教育部骨干专业、杭州市属高校新型专业建设团队的核心成员，中华人民共和国人力资源和社会保障部和杭州市人力  资源和社会保障局创业培训（SYB和网络创业）讲师、网络创业（TSPS）项目特聘讲师、浙江省首批跨境电商讲师。屡获杭州市教育局系统和学校优秀教师、学校优秀党务工作者、职业素养教育优秀教师、师德先进个人等荣誉称号。

从事高职市场营销和电子商务教学研究工作。主要研究方向为：高职产教融合协同创新、互联网创新创业的理论与实践。共主持和参与省市级课题研究10余项，获资助课题主要有：浙江省科技厅公益性技术应用研究计划项目"基于ITIL的医院IT运维服务管理模型及应用技术研究"、浙江省人力资源和社会保障厅重点课题"浙江省信息服务业人力资源现状调查及发展对策研究”、杭州市哲学社会科学规划课题“基于系统化综合实践项目体系的高职电商人才培养模式研究”、杭州市社科联课题“基于投入产出分析的杭州市十大产业科技创新发展战略研究”等；公开发表论文 30 余篇，其中 4 篇论文被 EI 收录，4 篇论文在核心期刊发表；获实用新型专利授权 4 项。主授课程为“客户服务与管理”“职业素质拓展与训练”“网络创业认证”“金牌客服”“网络运营顶岗实习”等，其中“客户服务与管理”获省级精品在线课程认定，获浙江省高职院校“互联网＋教学”优秀案例二等奖；主持企业委托的技术服务项目“电商大促活动中的风险监测和数据分析”“匹克天猫官方旗舰店在线销售技术服务”“云集平台交易仲裁专项技术服务”等 9 项；指导学生参加浙江省高职高专院校技能大赛电子商务技能竞赛，获团队一等奖；负责电商专业产教融合实训基地的运营管理工作，作为主要指导老师的云客服产教融合实训基地为合作企业完成销售额年均 1 亿元以上；结合课程教学，连续 9 年组织学生参加企业“双十一”真实项目实践，在提升学生职业素养的同时，为合作企业创造销售额累计达 10 亿元以上，多次受媒体报道。

坚持教科研工作为实践服务的学术宗旨，努力探索学术价值与应用价值的统一。其中“基于 ITIL 的医院 IT 运维服务管理模型及应用技术研究”获浙江省科技成果登记证书并已商用化，在 10 余家二甲以上医院应用；“浙江省信息服务业人力资源现状调查及发展对策研究”“基于投入产出分析的杭州市十大产业科技创新发展战略研究”“人力资源管理咨询、测评与考核——基于浙江人力资源服务业的实证研究”“技术密集型企业劳资关系的新情况和新问题探索”等课题研究成果为政府决策提供了实证依据；担任浙江省重大工程、浙江省／杭州市政府采购、杭州市建设工程项目评审专家，参与省、市各级政府重大建设项目的评审；业余时间为在校大学生、社区下岗人员、退役军人提供创业培训服务，获得培训机构和学员广泛好评。

陈 郁

女，1968 年 8 月生。宁波余姚人。制药工程专业，硕士，教授。

1991 年毕业于浙江工学院化学工程职教师资专业，获工学士学位；2014 年毕业于浙江工业大学制药工程专业，获工程硕士学位。1991—1992 年和 1993—2002 年分别在杭州华丰企业集团公司和杭州制氧机集团公司从事分析检测工作，被评为高级工程师；2003 年至今在杭州职业技术学院从事生物制药教学和职业教育研究，担任生物制药技术专业负责人。2010—2011 年到民生药业下企业锻炼；2011 年 10 月赴德国培训学习；2011 年作为浙江省高校国内访问学者（B 类），到浙江大学访学一年；2013 年 8 月参加浙江高职院校师资培训团，赴台湾地区进行为期 15 天的师资培训参访；2014 年参加当年浙江省高职高专院校专业带头人培训，并到华东医药下企业锻炼。

学术任职：担任人力资源和社会保障部职业技能鉴定中心化学检验工高级考评员、1+X 药物制剂生产职业技能等级证书考评员、高级培训师、杭州钱塘区食品医药行业专业人员中级专业技术资格评审委员会专家库成员，曾担任中国生物工程学会会员、浙江省安全生产教育培训机构培训教师等。

业务专长：担任"生物药物检验技术""生物化学"等课程的教学和相关研究工作。

主要成果：

（1）主持课题：浙江省自然科学基金项目"离子色谱－蒸发光散射／电喷雾检测双膦类药物技术研究"；浙江省科技厅分析测试项目"阿仑膦酸钠的离子色谱－蒸发光散射／电喷雾分析测试方法研究"等。主持横向课题多项。

（2）论文：Determination of Zidovudine Using Anion Exchange Chromatography with Integrated Pulsed Amperometric Detection；《离子色谱－抑制电导＼蒸发光散射法测定阿仑膦酸钠及有关物质质量浓度》《离子色谱积分脉冲安培法同时测定阿仑膦酸、帕米膦酸、伊班膦酸和利塞膦酸》《反相高效液相色谱法测定依巴斯汀片相关杂质组分》等。

（3）教材：主编国家级高技能人才培训基地建设成果教材《药物分析与检验（高级工）实训指导》，主编浙江省"十一五"重点建设教材《医药商品购销实训》，作为副主编编著国家高职院校项目建设成果教材2部。

（4）活动计划：（主持杭州市属高校产学对接特需专业——生物制药技术，主持浙江省大学生科技创新新苗人才计划）1项。

（5）教改课题：主持浙江省高职高专院校专业带头人专业领军项目"校企共建开放共享型实训基地，培养创新型生物制药高技能人才的研究与实践"，主持浙江省教育厅高等学校访问学者专业发展项目"基于真实项目的高职教学模式实践与探索——以'生物药物分析'课程为例"；主持中国石油和化工教育科学研究课题"基于区域产业优势的制药类人才培养模式研究与实践"。

（6）实用新型专利：多功能棒状玻璃仪器放置器、多用磁棒过滤装置、一种药品陈列架、多用清洗装置、一种麦冬活性组分群制备用麦冬粉碎筛分装置等。

获得荣誉奖项：

浙江省高职高专院校专业带头人（2013）；浙江省高校优秀党员（2016）；杭州市新世纪"131"优秀中青年人才培养第三层次人才（2011）；杭州市属高校中青年学术带头人（2013）；杭州市高层次D类人才（2020）；杭州市第三届师德先进个人（2015）；指导学生在"远恒·东方杯"高职HSE科普知识竞赛中获一等奖，获优秀指导老师称号（2017）；指导学生在"紫裕杯"高职化学制药技术大赛中获三等奖，获优秀指导老师称号（2017）；指导学生在"禾丰·东方杯"高职院校HSE科普知识竞赛中荣获二等奖，获优秀指导老师称号（2018）；指导学生在全国食品药品类职业院校"化学制药技术"专业技能大赛中获三等奖（2018）；指导学生在全国食品药品类职业院校"药品检测技术"专业技能大赛中获三等奖（2018）；杭州市教育系统优秀教师（2008、2009）；指导学生暑期社会实践活动获省级"优秀团队"称号（2019）；指导学生获"双百双进"社会实践共同富裕实践团省级重点团队（2021）；在第三届校级教师教学技能比赛中获一等奖；在第七届校级教学技能说课比赛中获二等奖；专业负责人考核荣获优秀（2021）；校级优秀教师（2021）；校级教学能力比赛二等奖（2022）；浙江省高职院校教学能力比赛三等奖（2022）。

20年来，她始终坚守在教学一线，以优秀教师的标准严格要求自己，努力工作，乐于奉献，热爱学生，团结同志，在教学、科研、育人和专业建设等方面取得了显著的成绩。

深入推进校企合作，牵头组织"华东医药杯"生物制药技能大赛、HPLC高技能培训暨应用考证（比武）、"微生物镜检涂片"比赛和无菌更衣比赛等赛项；建有企业兼职教师队伍20余人，开拓校外实训基地30余家，学生就业率每年达到优秀。

陈云志

男，1971年6月生。湖南石门人。2017年6月毕业于浙江大学，获博士学位。教授。2006年10月至今在杭州职业技术学院从事教学和管理工作，先后担任计算机应用技术专业负责人、软件技术专业负责人、信息电子系副主任、新通国际学院第一副院长（主持工作）、信息工程学院副院长（主持工作）、信息工程学院院长。

工作荣誉：2010年9月获得学校授予的"优秀教育工作者"称号，2010年9月被杭州市教育局评为"杭州市教育系统优秀教育工作者"，2013年被评为浙江省教育国际交流协会国际交流先进个人，2017年9月被评为杭州职业技术学院优秀教育工作者，2016年获评杭州市"131"中青年人才第二层次。在2020年世界职业教育大会中，"基于态势感知的校园网络安全监测系统建设"案例获中国职业院校智慧校园50强案例。

教学改革：2010年作为杭州市精品课程"Oracle数据库技术"的负责人，2016年担任教育部"高等职业学校教学标准"开发工作专家，2018年牵头发起成立杭州市保密协会，2019年牵头成立浙江省信息安全产教融合联盟。把信息安全技术应用专业建成国家骨干专业、浙江省"十三五"优势专业、杭州市新型专业。

校企合作：积极探索专业与企业深度合作，2011年10月软件技术专业与东忠集团（浙江省最大的服务外包企业）合作成立东忠软件学院，2016年4月信息安全与管理专业与杭州安恒信息技术有限公司（世界网络安全500强、上市企业）合作成立安恒信息安全学院。多年探索"专企融合"校企合作模式，在全国计算机学会、全国计算机系主任年会等大型会议讲座30多场。"立足一个龙头企业、服务整个行业：数字经济安全卫士实战育人模式探索与实践"于2022年获得浙江省教学成果奖一等奖。

科学研究：有近2年的深圳软件企业的工作经历，有较丰富的软件项目开发经验。自 2006 年在杭州职业技术学院工作以来，开发了"浙江安吉天荒坪滑雪场管理系统""湖南大围山滑雪场管理系统""基于 Android 的智能家居 APP 开发"等多个横向课题的研究。主持省部级课题 2 项："全图形示教系统的焊锡机器人关键技术研发""对日软件外包高技能人才 CDIO 工程能力培养实践与研究"，市厅级课题 2 项，发表核心论文 5 篇。2008 年在职攻读浙江大学博士学位，从事医学信息化方向的研究，在科研方面有较系统的训练。在学期间参与"十一五"国家科技支撑计划"国家数字卫生关键技术和区域示范应用研究"课题的研究。参编李兰娟院士著作《数字化临床路径建设》，于 2012 年 10 月由科学出版社出版。攻读学位期间发表 SCI 论文 2 篇、EI 论文 2 篇，发表的 SCI 论文如下：An Approach to Semantic Query Expansion System Based on Hepatitis

Ontology；Automatic ICD-10 Coding Algorithm Using an Improved Longest Common Subsequence Based on Semantic Similarity。

社会影响：浙江省中职计算机教学指导委员会成员，曾任浙江省中职"三名工程"评审专家、浙江省中职教师能力大赛评审专家，自 2016 年以来组织浙江省中职网络空间安全大赛和浙江高职网络安全管理与评估赛项，担任团中央第十五届振兴杯计算机程序员赛项裁判，担任全国职业院校技能大赛集成电路开发及应用赛项专家，担任全国职业院校技能大赛软件测试赛项专家，担任浙江工业大学教育专业硕士研究生实践导师等。

程利群

　　男，1972 年 10 月生。浙江海宁人。汉族，中共党员。中央党校经济管理学专业在职研究生，教授。1994 年 7 月毕业于浙江师范大学体育系体育教育专业，同年 8 月参加工作，任西湖电子集团有限公司职工大学团委书记，1998 年 9 月任杭州职工大学团委副书记。杭州职业技术学院成立后，先后任杭州职业技术学院团委副书记、艺术系（基础部）党总支副书记、副主任；艺术系党总支书记、副主任，达利女装学院党总支书记、副院长等职，2012 年 6 月任杭州职业技术学院人事处、党委人才办、党委教师工

作部、党委组织部、离退管办处（主任、部长）、离退休党总支书记，兼任党委组织部副部长等职，2019 年 3 月任杭州职业技术学院党委委员、宣传部部长，2021 年 6 月任党委委员、副校长。

曾任杭州市哲学社会科学体育学科评审专家；杭州市事业单位招聘评审专家；浙江省高等教育学会思想政治研究分会理事；浙江省高职院校党建研究会理事。杭州职业技术学院第一届、第二届、第三届学术委员会副主任；杭州市江干区第十五届人大代表和钱塘区第一届人大代表。

曾获得"全国纺织职业教育先进工作者""杭州市优秀教育工作者""杭州市优秀团干部"等荣誉，多次获得学校"优秀教师""优秀教育工作者""优秀共产党员""优秀党务工作者""优秀团干部""工会积极分子"等各类荣誉。

主要研究方向是体育文化和大学生思政教育研究，主持和参与省部级、国家级课题 10 余项，发表论文 20 余篇，代表作《CUBA 联赛教练员管理机制阐析》《论网球运动服饰的文化特征》《CBA 联赛人文环境优化问题探析》《我国体育竞赛观众闹事行为的归因研究》等论文发表在《北京体育大学学报》《体育与科学》《武汉体育学院学报》《体育文化导刊》《职业技术教育》等国内核心期刊上，Research on Public Opinion Reversal Phenomenon of Network Mass Events Modelling and Simulation 等论文被 EI、SCI 收录。主持的"基于'五融四点三维'的高职服装专业群课程思政教学改革的探索与实践"获得 2020 年中国纺织工业联合会纺织职业教育教学成果奖二等奖；"现阶段我国体校的生存状态及其影响因素探讨——以浙江省为例"获得杭州市第六届社会科学界联合会优秀成果奖三等奖；"基于工匠精神培育的高职实践育人创新与实践"获得 2021 年校级教学成果奖二等奖等。

戴凤微

女，1973 年 4 月生。浙江瑞安人。1995 年 7 月毕业于南京建筑工程学院（现名为南京工业大学），2009 年 12 月获得浙江大学工学硕士学位。2000 年 10 月开始执教于杭州职业技术学院，现任商贸旅游学院物业管理专业教授，兼任质量监控与评估处（审计处）处长。

从事物业管理专业建设与教学研究工作，主要研究方向为物业管理行业发展及人才培养理论与实践。主持完成教育部第二批现代学徒制试点校建设：三个试点专业之一（物业管理专业），主持完成国家级职业教育专业（非遗）教学资源库"非物质文化遗产传习与经营概论"课程建设，主持完成浙江省高等教育"十三五"第二批教学改革研究项目"基于校企命运共同体的物业管理专业现代学徒制培养改革再深化研究"，主持完成浙江省教育规划、杭州市社科联等 3 项市厅级重点课题。代表性专著有《高职院校专业布局与区域产业结构互动关系研究——以杭州市为例》。代表性论文有 EI 检索论文 2

篇：A Data Management Strategy for Property Management Information System Based on the Internet of Things；Evaluation of Talent Cultivation Quality of Modern Apprenticeship Based on Context-Input-Process-Product Model；中文核心期刊2篇：《物业管理行业人力资源研究——以浙江省为例》《基于互动生长理论的房地产品牌战略环境分析》，代表性教材包括《房地产开发与经营》《房地产经纪》《物业设备维护与管理》。

2018年专著《高职院校专业布局与区域产业结构互动关系研究——以杭州市为例》获得杭州市社科联第十三届社会科学优秀成果奖二等奖，同年获杭州市教育局系统优秀教育工作者荣誉，2019年入选杭州市属高校教学名师培养对象，2020年论文《杭州市公租房准入与退租机制研究》获得杭州市社科联第六届学术与咨政年会优秀论文（二等奖），并入选2021年杭州蓝皮书。2020年受聘为"杭州市前期物业管理招投标专家库成员"，每年参加前期物业管理项目评标20多次、安置房考核40多个项目，2021年以专家身份受邀参加杭州电视台《我们圆桌会》栏目的"杭州市物业管理新规 如何改变更多人的生活"节目。

丁学恭

男，1956 年 12 月生。浙江宁波宁海人。二级教授，浙江省高校教学名师。1982 年毕业于浙江工学院电气自动化专业（现浙江工业大学信息工程学院）；1989 年进入浙江大学电机系控制理论与工程专业学习，获工学硕士学位；2001 年西北工业大学管理科学与工程专业博士研究生班毕业。

工作经历：从事教育工作 35 年，1996 起先后任杭州机械工业学校暨杭州机械职工大学教学副校长，杭州职业技术学院二校区主任、友嘉机电学院院长、发展研究中心（科研处、高教研究所、学报）主任及首届学术委员会副主任。浙江省高职首批重点专业"模具制造与技术"、省特色专业"电气自动化""机电一体化"、市高校"电气自动化"重点学科负责人，杭州市科技局和教育局高校"模具制造与技术"科技创新重点实验室主任。曾任浙江省教育厅高职高专自动化类专业教学指导委员会委员，浙江省自然科学基金项目评审专家，浙江省人事与劳动保障厅"百千万"高技能领军人才培养工程、新时代浙江大工匠项目及中职校正高职称评审专家；杭州机械工程学会常务理事。连续担任多届国内专业学术期刊《机械制造与自动化》《现代制造工程》《机电产品设计与创新》编委。

主要研究方向：自动控制、机器人技术、校企合作创新、职业技术教育。

主要研究成果：专著《机器人控制研究》获浙江省高校优秀科研成果

奖二等奖，浙江省教育科学规划重点课题"基于大企业校企合作机制可持续发展的实效性探索与实践"获浙江省教科研优秀成果奖一等奖，"制造类专业创新型高技能人才培养途径研究与实践"获杭州市高校优秀教改成果奖二等奖。主编教材《电器控制PLC》获"十一五"国家规划教材和首批职业教育"十二五"国家规划教材。

　　个人荣誉：浙江省高校教学名师奖、浙江省教科研先进个人、浙江省首届黄炎培职业教育奖个人奖（优秀理论研究奖）；杭州市社科联系统先进个人、杭州市教育局名师工程优秀理论导师，杭州市教育系统优秀教育工作者。

范昕俏

女，1989 年 3 月生。浙江金华人。上海财经大学企业管理专业博士。浙江省创业指导师"技术能手"，浙江省十佳创业指导师，国家二级创业咨询师，浙江省首批创业导师人才库成员，杭州市 D 类人才，杭州市高层次人才特殊支持计划培养人才。2013 年 8 月至 2014 年 8 月，任共青团杭州市上城区委员会副书记（挂职）。2014 年 9 月至 2020 年 6 月任教于上海财经大学浙江学院，担任创业学院办公室主任。2020 年 7 月入职杭州职业技术学院物业管理专业，现任专业负责人。

潜心教研，致力于创新创业教育和员工主动性行为研究。以第一作者在 *Journal of Tourism and Hospitality Management*、*Asia Pacific Journal of Tourism*

Research、《技术经济与管理研究》等期刊发表论文 7 篇，担任 Asia Pacific Journal of Tourism Research 审稿人。主持浙江省"十三五"教学改革研究项目、浙江省社会科学界联合会研究课题、浙江省教育厅科研项目、浙江省教育科学规划研究课题等省部级、市厅级课题 7 项，参与国家自然科学基金项目 1 项，出版专著 2 部，教材 1 部，其中专著《中国农村电商：运作与案例分析》入选国内首批"乡村振兴与扶贫扶智"主题出版书目。先后参与了商务部"绿色餐饮发展报告"制定、杭州市延安路商业业态规划、上海市杨浦区社区工作者绩效考核优化设计、金华市国资委国有企业人力资源三定方案设计等横向课题。

专注教学，致力于课堂质量的提升。主讲的课程获得浙江省高等学校青年教师教学竞赛一等奖，浙江省第一届应用型师资优秀教学案例比赛二等奖，杭州市教育系统微党课比赛二等奖，多次在市级课程改革征文大赛中获一等奖。先后指导 9 支学生团队在浙江省挑战杯等省级学生竞赛中获奖。

高永梅

女，1975 年 11 月生。黑龙江齐齐哈尔人。1999 年毕业于浙江大学电机系，主修电力系统及其自动化专业，辅修计算机及应用专业。先后就职于浙江大学海纳快威科技有限公司、杭州朗新信息科技有限公司，担任软件工程师、项目经理等职务。2003 年经过考试选拔进入浙江大学软件学院，作为该学院的首届硕士生在职攻读软件工程专业，于 2005 年 3 月毕业。2005 年 6 月，入职杭州职业技术学院，进校后先后担任计算机基础教研室主任，计算机应用技术专业

、大数据技术专业负责人，信息工程学院教师一支部支部书记等职务。

从事计算机应用技术、大数据技术专业教学与研究工作。承担"Java 编程基础""Python 程序设计""Android 界面与交互实现""数据清洗"等课程的课程建设及授课任务。在教学工作上兢兢业业，曾连续 5 年教学业绩考核为 A 等，在学校组织的首次教学能力水平测试（有效课堂认证）中获 A 等。主动承担专业新开设课程的开发与教学工作，积极开展课程建设，构建课程资源库，编写教程。曾被信息工程学院评为受学生欢迎的满

意教师、最美党员教师。获"校级优秀中青年骨干教师""校级教学名师""校级优秀教师""师德先进个人""优秀共产党员""杭州市教育局系统优秀教师"等荣誉称号。

　　代表性成果：（1）论文：一级论文《基于边缘计算的数据密集型服务部署》《基于大数据的电信领域用户服务模型与数据融合策略研究》2篇；中文核心论文《融入位置情景的移动用户行为挖掘方法研究》《高职学生课余时间管理现状分析及对策研究——基于浙江省 10 所高职院校的调查》《基于电信领域客户细分模型的个性化服务构建》《新工科背景下我国高职院校大数据技术与应用专业人才培养研究》4篇；EI 检索论文 The Research on Measure Method of Association Rules Mining 1 篇；普通期刊 10 余篇。（2）主持课题：浙江省"十三五"第二批教学改革研究项目"基于'3211 模式'的高职大数据技术与应用专业人才培养研究"；浙江省高等教育教学改革项目"浙江省高职学生课余时间管理研究与改革实践"；浙江省教育厅科研项目"基于位置服务情景的移动用户行为建模及挖掘方法研究"；高等学校访问学者专业发展项目"基于大数据的电信领域消费定制与推荐服务模式研究"；浙江省社会科学界联合会研究课题"新媒介微博信息传播的监测研究与应用""高职院校职业素养教育实施路径研究——以计算机类专业为例"；主持参与校级课题 10 余项。（3）著作：《大数据技术与应用专业人才培养研究》。（4）横向课题：利用专业知识积极开展社会服务，主持横向课题"公司门户网站及业务管理系统研发""基于 IOS 的智能家居 APP 开发""基于人工智能的创意科技产品研发"3 项，参与多项。为多家公司提供技术服务，申请获得"医院管理系统""干部管理系统"等多项计算机软件著作权。

　　指导学生参加专业技能竞赛，获得浙江省多媒体作品大赛三等奖 2 项，浙江省移动互联应用大赛一等奖 1 项、三等奖 2 项等；获全国高等院校计算机核心技能与信息素养大赛指导老师资格，获首届全国高校计算机综合应用能力比赛团体三等奖。指导学院班级特色项目 5 项，荣获一等奖 1 项、二等奖 3 项、三等奖多项。

葛海江

男，1980 年 11 月生。浙江东阳人。博士，教授。2007 年硕士研究生毕业于杭州电子科技大学计算机应用技术专业，同年入职杭州职业技术学院，2022 年博士研究生毕业于浙江工业大学控制科学与工程专业。现任杭州职业技术学院物联网应用技术专业负责人。

主要研究方向：高职教育教学、无线供能网络。

在教育教学方面，积极进行高等职业教育的教学改革与实践，治学严谨，因材施教，连续 6 年教学业绩考核均为 A 等。在教学改革项目上，曾

主持省、市厅级教改项目 3 项、市级精品课程 1 项。2019 年主持浙江省高等教育"十三五"第二批教改项目（省级）：基于"1+X"书证融通的高职电子信息类人才培养模式研究；2016 年主持浙江省高等教育课堂教学改革项目（厅级）："传感器技术应用"微课的课堂教学改革与实践；2014年主持浙江省高等教育学会高等教育研究课题（厅级）："传感器技术应用"项目化的微课程开发；2015 年主持杭州市市级精品课程"传感器技术应用"。通过省、市级教改项目的实践研究，有效提升了高职教育教学的专业能力。在学生技能竞赛上，积极指导学生参加大学生电子设计大赛、挑战杯竞赛以及科技创新活动计划项目，累计获得国家级、省级奖项和项目 10 余项。通过竞赛和科研项目锻炼，有效提升了学生的专业能力和职业素养，为培养更多的高质量技术技能人才夯实了基础。

在科研方面，恪守科研和职业道德，具有严谨求实，不断进取，勇于创新的科研精神。在科研项目和科研成果上，主持省、市厅级项目 3 项，获厅级成果奖励 1 项。2018 年主持浙江省基础公益研究计划项目（省级）：基于数据手套的虚拟人手运动建模与软件系统开发；2019 年主持浙江省教育厅科研项目（厅级）：虚拟现实的人手运动系统关键技术研发；2011 年主持的科研成果"基于 PC 机的无线人机接口交互技术的实践研究"荣获浙江省高等学校科研成果奖三等奖。在科研论文方面，发表了一些重要及创新性的成果。如：在无线供能通信领域，在 *Computer Networks*（CCF B）、*IET Communication*，《传感技术学报》《软件学报》《电信科学》等期刊发表 6 篇一级论文，其中被 SCI 收录 2 篇，EI 收录 3 篇，CSCD 收录 1 篇。相关的系列研究通过凸优化的方法创新性地解决了大规模无线供能通信网络的供能最优化问题，具体包括：（1）具有吞吐量约束的无线认知网络的供能最小化；（2）无线供能网络节点吞吐量约束的供能最小化；（3）无线供能网络数据收集的能量效率最大化；（4）网络能耗最小化的射频能量源布置与发射功率设置；（5）大规模无线供能网络带总吞吐量约束的供能最小化。上述的系列研究，为大规模无线供能通信网络以及无线物联网的高效节能应用提供了理论性支撑。在传感器技术应用和虚拟人手运动建模等方面成果颇丰，其中：国家发明专利"一种开放式传感器技术应用综合实训平台"和"一种多功能无线鼠标装置及其控制方法"2项；实用新型专利"一种基于云平台的智能服药监测提醒系统"等 4 项；

软件著作权"基于数据手套的虚拟人手运动建模软件"等15项。此外在《传感器与微系统》《计算机工程与应用》《电子技术应用》《电源技术》等核心期刊发表《基于电容式感应的手势识别系统设计》《两轴模拟陀螺仪的空中鼠标指针控制方法研究》《一种锂电池充放电电流平衡算法的研究》等科研论文5篇。通过上述实践应用研究，较好地解决了当前传感器技术应用实训平台成本过高，实训项目的开放性不足，多功能无线鼠标姿态感知的随机零点漂移，老年人漏服、忘服药物，以及虚拟人手运动平台软件不开放导致二次开发困难等问题。

龚仲幸

女，1974年5月生。浙江慈溪人。1997年6月毕业于华中农业大学，7月进入杭州园林文物局杭州花圃任技术人员；2000年1月在杭州园林文物局杭州花圃杭州园林花卉有限公司任办公室主任；2004年5月在杭州园林文物局杭州灵隐管理处杭州园林花卉有限公司任总经理助理，2004年7月调入杭州职业技术学院任园艺技术专业教师、园艺专业负责人。

社会兼职：曾连续两届担任杭州职业技术学院学术委员会委员；浙江风景园林学会花卉栽培协会会员；浙江风景园林学会造园分会会员；在

2020 年、2021 年担任全国高职院校职业技能大赛花艺赛项专家组成员；虹越花卉股份有限公司植物繁育点工程师。

　　教科研成果：参与国家自然基金项目 1 项："表观遗传调控菊花花期及其机制解析"；主持杭州市科技局 1 项："多季开花杜鹃的杂交育种与快繁技术研究"；2019—2021 年先后参加浙江省教学能力比赛荣获一等奖 1 项、三等奖 1 项；主持省市级教育教学改革项目 3 项：省级教改项目"园艺技术专业突出创新创业能力培养的课程改革与实践"、省课堂教学改革项目"基于真实项目的园林树木栽培与养护的课堂教学改革与实践"、省级专业带头人领军项目"基于工作过程的园艺技术课程体系建设与探索"。

　　获得奖项荣誉：

　　2020 年 12 月被杭州市教育局评为"最强领头雁"季度之星；

　　2021 年 8 月被浙江省高职院校教学能力比赛组委会评为浙江省高职院校教学能力大赛一等奖；

　　2021 年 10 月被中国教育工会杭州市委员会授予杭州市教育工匠提名奖；

　　2014 年、2019 年 9 月被杭州市教育局评为杭州市优秀教师；

　　2018 年作为党支部书记，所在党支部被杭职院党委评为五星级党支部；

　　2017 年 5 月被浙江省教育工会评为浙江省师德先进个人；

　　2017 年被杭州市人事局授予杭州"131"中青年人才培养计划第二层次培养人员；

　　2016 年获得杭州职业技术学院"最受学生欢迎的教师"（十佳）荣誉称号；

　　2015 年 7 月被浙江省教育工作委员会评为浙江省高校优秀共产党员；

　　2015 年 5 月被杭州市教育工会评为杭州市教育系统"事业家庭兼顾型"先进个人；

　　2015 年 7 月被杭州市哲学社会科学界联合会评为杭州市社会科学普及活动先进个人；

　　2010 年 12 月被浙江省组织部授予浙江省"151"人才第三层次培养人员；

　　2010 年 11 月被浙江省教育厅评为浙江省优秀社团指导老师。

先进事迹：

1. 教学本位，方法独特，有趣有效有成就

作为园艺技术专业负责人，在做好专业工作的同时，年承担教学工作量在 300 学时以上。以课堂教学为根本，积极探索高职课堂教学改革。将企业的新技术、新工艺融入课堂教学，课堂教学与企业的实际需求相结合。在 10 余年的教学过程中，不断改进教学方法和教学设计，连续 8 年教学质量评价等级为"A"。

作为主讲教师的《园林植物识别与应用》课程，是学生在校期间最喜欢、最有成就感而又终生难忘的一门课程，学生毕业聚会时还时常谈起课堂上的有趣画面。

2. 解疑释惑，尽心尽责，是学生的良师益友

担任园艺 2111 班主任及花艺创作协会的指导老师，加强与学生的沟通和交流，充分了解当代大学生的思想状态，引导学生参与学校的各类活动，将他们的业余生活与专业活动紧密相连，做学生专业成长路上的良师益友。

作为党员教师，积极开展党建"结合点"项目建设，将党支部的活动和作用与社团、专业建设相结合。如将课堂教学改革与学生的寝室文化相结合，率先在学生党员寝室推出"园艺角"的文化理念，将学生的课堂内外，融入专业的元素，培养学生的专业兴趣。

3. 爱奉献，服务社会和企业，成果丰硕

积极与企业探讨教学模式、基地产品的同时，也为企业提供多项技术服务。担任杭州朴树公司的苗圃技术指导，以此提升园艺技术专业在园艺界的影响力。接受了企业快速繁殖技术的高要求，通过一年的努力，培育出企业要求的新品种近 30 万株，同时帮助企业攻克了郁香忍冬、蓝叶忍冬等较难生根花灌木的繁殖技术，为企业带来了较好的经济效益。

2018 年以来，与虹越花卉股份有限公司共同进行家庭园艺新品种研发，已在多季开花的杜鹃、观叶秋海棠等领域获得一定的成绩，共同申报杜鹃新品种 5 项。

服务社区工作，做好职业教育反哺基础教育、社区居民技术咨询等活动，年均培训多达 2600 余人次，取得了较好的社会反响。目前与杭州钱塘区白杨街道高教社区等取得了稳定的联系，定期为社区居民开展家庭园艺技术科普咨询、家庭插花培训等活动，得到了居民的热烈欢迎。

郭伟刚

　　男，1980年2月生。浙江东阳人。2004年进入江苏大学机械制造及其自动化专业攻读硕士研究生，2007年获工学硕士学位，同年入职杭州职业技术学院，历任友嘉机电学院模具教研室（专业）教师、专业负责人、副院长、教授（中国计量大学兼职硕士生导师）。2019年1月获浙江工业大学机械制造及其自动化专业工学博士学位。2020年6月起任特种设备学院执行院长、党总支书记、教授。工作期间，获国家留学基金委支持赴德国不来梅大学开展为期一年的访学。

业务专长：担任机械类专业课教学、竞赛指导老师；专注于现代职业教育研究，超精密加工技术及装备、塑性成形理论与应用等方面的教学与研究。

学术任职：浙江省模具行业协会副会长、中国模具工业协会职业教育委员会技能大赛研究工作部副部长、浙江机械工程学会塑性工程与模具分会理事、《软件》杂志编委、全国航空工业职业教育教学指导委员会航空产教融合专门指导委员会委员。

标志性成果：（1）教学成果奖："电梯综合性实训平台系统"荣获第五届全国设备管理与技术创新成果一等奖（2022）、"基于'创业带动学业'的高职院校创业教育体系构建与实践"获国家教学成果奖二等奖（2014）、"高职院校创业教育体系的构建与实践"获浙江省教学成果奖一等奖（2014）、"职业院校创业教育研究及系列教材开发工程"获中华职教社论文二等奖（2012）；（2）教材及专著：出版专著《超精密加工技术及应用研究》《传承与突破现代学徒制创新发展研究》，主编《机械制造工艺学》教材，副主编"十一五""十二五"国家规划教材《机械CAD/CAM技术》《逆向工程项目实践》等；（3）主持省自然科学基金、省公益性项目各1项，主持国家教师教学创新团队课题1项，主持省级教改项目、省市哲学社科规划课题各1项；（4）发表论文：公开发表论文30余篇，其中一级期刊3篇、SCI/EI收录7篇；（5）授权发明专利、实用新型专利16项。

获得奖项：带领团队完成国家骨干专业建设、国家优质院校建设，成功入选"中国特色高水平高职专业群建设计划"（2019）；带领专业团队立项国家级"双高"专业群建设项目，所在学院为双高建设重点二级学院（2019）；打造国家级教学团队1支（2021）、国家级课程思政教学团队1支（2021）；领衔的"特种设备智造与智慧管控技术教师团队"成功入选浙江首批"黄大年式教师团队"（2021）；成功立项省级产教融合实训基地、国家虚拟仿真实训基地等专业建设项目；负责国家级高技能人才培训基地建设项目——先进制造中心基地建设。

先进事迹：（1）教学业绩位居前茅。获省、市优秀教师，校"优秀班主任"、"优秀社团指导教师"等荣誉称号。培养浙江工匠、杭州工匠各1人，连续2年指导学生获"振兴杯"全国青年职业技能大赛第一名；入选杭州市青年科技人才培育工程、杭州市"131"中青年人才培养计划第二层次资助人选、省高职高专专业带头人培养对象。（2）专业群建设居全国领先。负责完成国家骨干专业验收（成绩优秀），获批国家双高专业群建设项目（电梯工程技术专业群），推进国家级教学资源库建设，立项2个国家级实训基地，入选首批国家级的课程思政项目、第二批教师教学创新团队、浙江省高校首批浙江省黄大年式教学团队。（3）教学资源建设成效显著。制订电梯专业实训教学建设标准，主持编写国家资源库教材，形成"标准引领、著作深化、教材实施、资源扩展"四位一体的专业教学资源生态体系。（4）教学改革成果丰硕。探索形成基于企业微课堂的现代学徒制，推进VR/AR信息化教学，建成数字仿真实训室4个。（5）在行业企业影响力大。担任多届省模具行业协会副会长、理事，负责制订国家技术规范，承担多项企业委托研发工作，联合企业行业精准扶贫培养近300人、乡村振兴26人，获杭州市"黄炎培杰出教师奖"。

何连军

　　男，1971 年 10 月生。浙江兰溪人。环境工程技术专业，硕士，高级工程师，化学检验工高级技师，教授。

　　1995 年毕业于浙江工业大学工业分析专业，获工学学士学位。2013年毕业于武汉理工大学环境工程专业，获硕士学位。1995—2001 年在浙江巨化股份有限公司兰溪农药厂担任分析技术员、质监科长；2001—2002 年在浙江兰溪淘宝创意玩具厂担任化工产品研发技术厂长；2002—2005 年在浙江康恩贝制药股份有限公司担任药品质量研发员；2005—2007 年在浙江

省磐安县农产品质量检测中心担任副主任；2007 年 3 月至今在杭州职业技术学院担任环境工程技术专业教师、负责人。2014—2015 年在杭州市环境监测中心站下企业锻炼；2015—2016 年在浙江天为企业评价咨询有限公司下企业锻炼；2017—2018 年在杭州华测检测技术有限公司下企业锻炼；2020—2021 年在浙江求实环境监测有限公司下企业锻炼。

主要业绩：

（1）主持课题

全国教育信息技术研究专项课题"基于微信公众平台的混合式教学实践研究——以仪器分析测试技术课程学习为例"；浙江省科技厅分析测试项目"HPLC-ELSD 与 HPAEC 同时测定多花黄精中活性多糖的研究"；浙江省哲学社会科学规划课题"现代学徒制视域下高职学生工匠精神培育研究"；杭州市科技局科研项目"三相微萃取前处理装置的研发及其在农兽药检测中的应用"；浙江省质量技术监督局科研计划项目"白术有效成分白术内酯含量测定技术研究"；浙江省磐安县科技局科研项目"生姜中有效成分姜辣素含量测定技术研究"等。

（2）论文

《高效阴离子交换色谱－脉冲安培检测法测定多花黄精多糖的单糖组成》《通过型固相萃取－高效液相色谱－串联质谱法同时测定水产品中的 5 种硝基咪唑和地西泮》《HPLC 法测定复方制剂布洛芬盐酸曲马多片中 2 个有效成分含量》《纸基薄层快速净化策略及辣椒油中痕量残留检测方法研究》《顶空气相色谱法测定银杏叶提取物中有机溶剂残留量》《微波消化－氢化物原子吸收法测定普乐安片中砷的含量》《冷原子荧光光谱法测定 BIT 中微量汞》《仪器分析测试技术信息化教学探索与实践》等。

（3）课程及教材

参与国家高职教育水环境监测与治理专业"水生态修复"课程教学资源库建设；主持市级精品课程"仪器分析测试技术"建设；主持省级精品在线开放课程"仪器分析测试技术"建设；主编浙江省普通高校"十三五"新形态教材《仪器分析测试技术》；主编项目化教材《仪器分析测试技术》。

业务专长：擅长化学及仪器分析测试技术的教学与相关研究工作，在该领域具有较高的专业理论水平和丰富的实践经验，具有跟踪国内外化学及仪器分析测试技术前沿技术的实践与能力。

学术任职：全国职业院校技能大赛农产品质量安全检测裁判员；化工行业职业技能鉴定（化学检验工、水生产处理工、工业废水处理工）高级考评员；教育部1+X污水处理职业技能等级考评员；中国管理科学研究院学术委员会特约研究员。

奖项荣誉：

多次指导学生参加全国、全省职业院校技能大赛，累计获奖40余项，其中国家级一等奖1项、二等奖4项，省级一等奖4项。其中：

2012年获全国职业院校技能大赛农产品质量安全检测比赛优秀指导教师奖；2010年获全国化学检验工技能大赛（高职组）优秀指导教师；2018年获浙江省高职院校"大气环境监测与治理技术"技能大赛优秀指导教师。2018年获全国职业院校教学能力比赛二等奖；2018获浙江省高职院校教学能力比赛一等奖。

2012年指导学生参加全国、浙江省职业院校农产品质量安全检测比赛均获一等奖；2020年指导学生参加全国职业院校技能大赛改革试点赛高职组水处理技术获二等奖；2014年、2018年指导学生参加全国职业院校环境监测与治理技术技能大赛均获二等奖；2013年指导学生参加全国、浙江省职业院校农产品质量安全检测技能大赛分别获二等奖、一等奖；2018年指导学生参加浙江省高职院校技能大赛大气环境监测与治理技术竞赛获得一等奖；2017年指导学生参加浙江省高职高专院校农产品质量安全检测技能大赛获一等奖。

2005年科技论文《微波消化－氢化物原子吸收法测定普乐安片中砷的含量》获金华市药品监管、医药科技优秀论文二等奖。

2005年参与浙江省科技厅科技计划项目"盐酸雷尼替丁泡腾颗粒"获金华市科学技术奖三等奖。

何 艺

女，1978年2月生。四川成都人。2005年毕业于四川师范大学环境科学专业，硕士研究生，同年就职于杭州职业技术学院，现担任生态健康学院副院长、教授。入选杭州市"131"中青年人才第三层次、杭州市属高校教学名师培养计划。兼任全国行业职业教育教学指导委员会生态环境职业教育指导委员会委员、第一届杭州市中等职业教育与成人教育专业（学科）教学研究会化工／环保副理事长。

主要教研方向：分析化学、新能源材料。

　　从事"仪器分析测试技术""食品仪器分析检测技术"等课程教学，率先开展项目化教学改革，成效明显。主编《仪器分析测试技术》教材1本，主持"日化产品质量控制分析检测"浙江省精品在线开放课程。多次在省级以上教学比赛中获奖：浙江省高等学校第四届现代教学技能比赛优秀奖（2006），全国职业院校技能大赛职业院校教学能力比赛二等奖（2018），浙江省高职院校教学能力比赛一等奖（2018）、三等奖（2020）和二等奖（2021）。多次担任学生"工业分析与检验"技能大赛和创新创业大赛的指导教师，获省级及以上奖项14次，其中在2009年、2011年和2013年指导学生参加第二、三、四届浙江省高职高专"挑战杯"创新创业竞赛，均获得特等奖；2014年指导学生参加"挑战杯——彩虹人生"全国首届职业学校创新创业创效大赛获得特等奖、最佳创意奖和优秀指导教师奖，并获《中国青年报》等多家媒体报道。

　　从事分析化学、新能源材料的科学研究工作，主要研究方向为仪器分析技术自动化、锌基电极材料用于水系超级电容器和电池的制备等。主持市厅及以上项目7项，其中浙江省自然科学基金项目1项、浙江省级分析测试项目1项；发表论文21篇，其中被SCI收录5篇；专利授权6项，其中发明专利1项；作为主要成员参加中华人民共和国化工行业标准"触媒用氧化锌"的编写。

　　作为主要人员参与国家骨干校精细化学品生产技术专业重点专业及专业群、精细化工技术专业浙江省"十三五"优势专业建设，完成浙江省高等教育"十三五"教学改革项目研究，完成浙江省职业技能鉴定题库——"化学分析工五、四、三级题库"的开发。

　　从教以来，始终坚持教学和育人相统一、坚持言传与身教相统一，教学、科研与专业建设并进。先后主持和参与获得中国石油和化工教育科学研究成果奖一等奖（2022）、三等奖（2016、2020）。获杭州职业技术学院最受学生欢迎十佳教师称号（2014）、杭州职业技术学院教学名师称号（2015）、杭州市教育系统优秀教师（2016）、杭州市优秀教师（2019）、杭州市巾帼建功标兵荣誉称号（2021）。

洪永铿

男，1949 年 2 月生。祖籍浙江富阳。毕业于浙江教育学院中文系，结业于浙江师范大学中文教育研究生课程班。

2003 年 4 月开始，在杭州职业技术学院担任党委书记（2007 年 8 月前，曾兼任代院长），2009 年 3 月退休。

2006 年被评为教授，曾担任浙江省高校职称评审委员会评委、杭州市孔子研究会会长、浙江省儒学会副会长、浙江省大学语文研究会副会长等学术职务，发表多篇学术论文及编写专著。

所获荣誉：

2005 年被浙江省人民政府授予职业教育先进个人称号；

曾被评为杭州市教育系统先进工作者；

曾多次荣获杭州市人民政府颁发的杭州市社科成果二等奖和三等奖。

研究方向：

主要从事中国传统文化和高等职业教育的研究。曾主持浙江省社科规划课题，参与被列入浙江省文化研究工程之一的"海宁查氏家族文化研究"课题。曾参与主编杭州市社科院发布的杭州蓝皮书之一《2007 年杭州职业教育发展报告》。参与主编浙江省大学语文研究学术论文集《行远集》。曾发表《孔子的道德观对于构建和谐社会的影响》《查慎行和他的敬业堂诗集》《从论语看孔子的道德观》等论文。在《浙江社会科学》《浙江学刊》《浙江师范大学学报》上发表学术论文。所发论文曾被选入中国人民大学复印报刊资料。

贾文胜

　　男，1977 年生。浙江永康人。现任嘉兴南湖学院党委副书记、院长，教育博士、二级教授、博士生导师，享受国务院政府特殊津贴专家，国家级教学成果一等奖获得者（2 次），全国黄炎培职业教育杰出校长、全国纺织服装院校杰出校长，浙江省"151"第一层次人才、浙江省"之江青年社科学者"；兼任国家职业教育指导咨询委员、中国职教学会常务理事、教育部现代学徒制专家指导委员会委员、中华职业教育社理事会社会服务与办学指导委员会副主任、浙江省学徒制研究中心顾问、浙江省人民政府督学、杭州市孔子研究会会长、杭州市青年联合会常委等。

　　1998 年参加工作，先后在杭州教育学院、杭州师范大学、杭州职业技术学院、嘉兴学院、嘉兴南湖学院工作，历任杭州职业技术学院办公室副主任、主任、副院长，党委副书记、院长；嘉兴学院党委副书记（兼任党委宣传部部长）；嘉兴南湖学院党委副书记、院长。

　　主要研究方向为高校党建、职业教育、中国传统文化，在弘扬伟大建党精神、红船精神，基于"人职匹配"的职业生涯规划与发展，中国特色现代学徒制运行机制，儒学文化普及等领域有较深入研究。先后主持国家社科、教育部人文社科、浙江省高校重大攻关、浙江省社科规划等省部级以上课题 10 多项，主持建立国家级职业教育专业教学资源库 3 项，在《红旗文稿》《中国高教研究》《学术月刊》《高等工程教育研究》《浙江社会科学》等刊物发表论文 50 余篇，出版专著 5 部。

　　建党百年之际在《红旗文稿》发表文章《大力弘扬红船精神》，主要参与的"南湖模式：以'红船伟力'引领高校'大思政'育人"入选 2021 年度"中国基层领导力典型案例"。近年来先后在国家教育行政学院、中国科学院自动化研究所、浙江大学、华东师范大学、浙江红船干部学院等开设专题讲座，并为浙江省直单位和县（市、区）党委理论中心组学习讲授红船精神等党史专题，为 10 多个省市教育厅主办的职业院校校长培训班讲授职业教育理论与实践逾百场，广受好评。

金　波

　　男，1970 年 4 月生。浙江海宁人。在职博士研究生学历，研究员。现任杭州职业技术学院党委书记，兼任中国高等教育学会职业技术教育分会第十届理事会监事长、浙江省高职院校党建研究会副会长。先后毕业于浙江海宁师范学校普师专业、杭州师范学院思想政治教育专业、中共浙江省委党校政治经济学专业、北京师范大学教育领导与管理专业，获得哲学学士学位、经济学硕士学位、教育博士学位。1992 年 8 月起参加工作，先后任杭州师范学院政治经济系党总支副书记、体育系党支部副书记、钱江学院党支部副书记，2001 年 1 月起先后任杭州师范大学钱江学院党总支书记，

学校党委宣传部部长，新闻中心主任，党委办公室、校长办公室主任，校党委委员等职；2013年5月起担任中共杭州市委教育工委副书记，市教育局副局长，杭州市少工委主任，杭州市第十二、十三次党代会代表，杭州市第十一届政协常委，杭州市第十一届青联副主席等职；2017年10月起任现职。

长期从事教育管理、行政管理和教学工作，致力于党建和思政工作、社会主义市场经济理论、职业教育等研究。先后主持完成1项国家社会科学基金项目、2项省哲社规划基金项目。在学术期刊发表学术论文20余篇，出版专著1部，参编教材2本。多次获评市级优秀教师、优秀教育工作者，"学生心目中最受欢迎的老师"等荣誉。

代表性专著：《我国文化创意产业集群发展模式与优化路径》，2020年由北京理工大学出版社出版。

代表性论文：《文化创意产业集群化发展："杭州模式"的经验与启示》，发表于《杭州师范大学学报》（社会科学版），2012年，34（06）。

代表性教材："十二五"普通高等教育本科国家级规划教材《国际贸易》（第二版），2015年由人民教育出版社出版。

柯乐芹

女，1969年12月出生。浙江缙云人。致公党党员。1991年本科毕业于浙江农业大学农产品贮藏与加工专业，获学士学位；2007年研究生毕业于浙江大学食品科学专业，获硕士学位。先后在丽水农业学校、丽水职业技术学院、丽水学院任教，现为杭州职业技术学院生态健康学院三级教授，兼任浙江省食品学会理事。主要从事微生物学、发酵食品加工技术及实训、食药用菌的生产加工、农产品贮藏与加工、食品生物技术等方面的教学和研究，主持或参与国家星火计划、浙江省自然科学基金项目、浙江省"十二五"重点农业项目、浙江省公益项目等多项国家或省部级项目。在国内外杂志上发表论文30余篇，其中以第一或通讯作者在国内一级期刊或被SCI收录的论文10余篇，授权发明专利多项。指导学生参加全国大学生生命科学创新创业大赛获三等奖1次；参加浙江省大学生生命科学竞赛获得一等奖1次，二、三等奖多次；指导学生发表科研论文3篇。

一、代表性研究成果

（一）论文。以第一作者或通讯作者发表、被SCI收录的有Microbial Communities and Soil Chemical Features Associated with Commercial Production of the Medicinal Mushroom Ganoderma lingzhi in Soil；Main Components of Ethyl acetate Extract of Chimonanthus Salicifolius and Its Effects on Intestinal Mucositis in Mice Induced by 5-fluorouracil; Effects of Chimonanthus Salicifolius Flavone on Inflammatory Factor and Intestinal Flora Changes in Mice Induced by Ampicillin; Preparation of Flavonoids from Loquat Flowers and Investigation of Their Antioxidant Activities; Molecular Identification of Lactic acid Bacteria in Chinese Rice Wine Using Speciesspecific Multiplex PCR; Optimization of Ultrasonic Extraction of Polysaccharides from Lentinus Edodes Based on Enzymatic treatment; Enzymatic-Assisted Microwave Extraction of Total Flavonoids from Bud of Chrysanthemum indicum L. and Evaluation of Biological Activities; Homogenate Extraction of Crude Polysaccharides from Lentinus Edodes and Evaluation of the Antioxidant Activity，一级期刊发表的有《杏鲍菇深加工残渣多糖酶法 - 微波辅助提取工艺优化》《几种制备辛烯基琥珀酸木薯淀粉酯方法的比较》《红茶菌 ZJU1 液体发酵产胞外多糖的影响因素研究》。

（二）专利。以第一发明人的授权发明专利"一种杏鲍菇多糖的提取方法"（ZL201410763216.3）、"樱花品种八重红枝垂和雨情枝垂的分子特异性标记引物"（ZL201510023281.7）、"樱花品种'市原虎尾'的分子特异性标记引物及检测方法"（ZL201510019011.9）。

二、主持的项目

（一）国家级："杏鲍菇深加工关键技术集成创新与示范"（2015GA700106）、"杏鲍菇工厂化生产技术集成创新与示范"（2013GA700135）。

（二）省部级："真菌对灵芝连作障碍的影响机理研究"（LY16C150003），"杏鲍菇工厂化生产技术集成创新与示范"（2012C12012-1）。

（三）地市县级："食用菌有效成分全利用关键技术的引进与应用推广"（2011NZH0209）、"施用微生物制剂缓解灵芝连作障碍的技术研究及应用"（2019GYX09）、"食养产业发展研究"〔丽社联（2013）15 号〕；横向项目"云和县老龄事业'十三五'规划编制""松阳县老龄事业'十三五'规划编制""遂昌县老龄事业'十三五'规划编制"。

三、起草的标准

（一）地方标准

《急流救援培训基地建设规范》（DB3311/T 182-2021）、《急流救援人员培训技术规范》（DB3311/T 183-2021）、《食养行业产品与服务管理规范》第1部分：养生食用农产品的生产管理（DB3311/T 34.1-2019），《食养行业产品与服务管理规范》第2部分：养生食品的加工管理（DB3311/T 34.2-2019），《食养行业产品与服务管理规范》第3部分：食养服务管理（DB3311/T 34.3-2019）。

（二）团体标准

《丽水山耕：食用种植产品》（T/LSSGB 001-2019）、《丽水山耕：加工食品》（T/LSSGB 004-2019）、《中国长寿之乡子品牌认定和管理通用要求》（T/SXLM001-2021）、《中国长寿之乡养生名优产品认定规范 初级农产品》（T/SXLM008-2021）、《中国长寿之乡养生名优产品认定规范 加工食品》（T/SXLM009-2021）。

四、获得的荣誉

（一）项目"杏鲍菇工厂化生产与生态循环农业关键技术集成创新与示范"获2017年度丽水市科学技术进步奖二等奖，担任项目负责人（1/7）。

（二）指导学生竞赛获奖

指导学生参加浙江省第八届大学生生命科学竞赛，获二等奖和三等奖各1项；指导学生参加浙江省第九届大学生生命科学竞赛，获一等奖和三等奖各1项；指导学生参加浙江省第十届大学生生命科学竞赛，获二等奖和三等奖各1项；指导学生参加全国大学生生命科学创新创业大赛，获三等奖1项。

李 客

男，1979 年 5 月生。河南商城人。2003 年毕业于郑州航空工业管理学院，获得学士学位；2013 年毕业于华中科技大学，获得硕士学位；2020 年于浙江大学攻读博士学位。正高级工程师，曾就职于中信重工机械股份有限公司下属洛阳矿山机械工程设计研究院有限责任公司，从事重大装备研制、智能化技术研究、省部级重大专项、重点研发项目实施等工作，曾获得"技术创新标兵"和"优秀设计师"荣誉，被评为洛阳市学术技术带头人，被郑州轻工业大学聘为校外硕士导师，被聘为河南省"挑战杯"大学生课外学术科技作品竞赛评委。于 2022 年就职于杭州职业技术学院，从事教学和科研工作。

先后完成了多个型号的大型竖井钻机研制工作，研制的大型竖井钻机相关技术获国家科技进步奖二等奖。完成了国内首台全断面硬岩掘进机的研制，并起草了相关专利和行业标准。主持了全液压牙轮钻机研发，修订了牙轮钻机国家标准 2 项。

组织实施了科技部重大专项"基于全生命周期的高端重型装备制造服务系统关键技术研究与应用"（2015BAF32B04），开展工业物联网平台建设、云计算、智能服务研究与应用试验。主持了粉磨系统大数据平台构建与智能化研究工作，构建了高端装备物联网和工业大数据平台。组织实施了省重大专项"千万吨级矿山粉磨装备智能控制技术开发及工程应用"（181200211500），创造了良好的经济效益与社会效益。

获得中国机械工业联合会二等奖 1 项，省科技进步奖二等奖 2 项，三等奖 1 项，市科技进步奖一等奖 1 项，获 10 项发明专利、7 项实用新型专利。发表 SCI 论文 1 篇、核心期刊论文 5 篇。

梁宁森

男，1963年11月生。河南三门峡人。大学本科学历，三级教授，杭州市C类人才。1983年考入陕西师范大学历史系学习，1985年加入中国共产党，1987年毕业于陕西师范大学历史系。1987年7月进入河南省豫西师范学校任教，多次被评为优秀教师、优秀共产党员。2000年12月进入三门峡职业技术学院工作，担任中国古代文化概论、中国古代管理思想史概论等课程教学工作。2001年至2002年在陕西师范大学经济管理学院硕士研究生班就读经济管理专业。2003年到三门峡职业技术学院学报工作，并担任该校学报编辑部主任。获得三门峡职业技术学院优秀教师、杰出教师、先进工作者、杰出贡献"好专家"、科研先进个人等荣誉12个。

2007年7月进入杭州职业技术学院工作，担任《杭州职业技术学院学报》编辑。2009年晋升为教授职称。曾任党政办公室副主任（主持工作）、发展研究中心主任、科研处处长、行政第一支部书记等职。在杭州职业技术学院工作期间，参与了国家骨干高职院校的申报、建设、验收等重大工作，并主持骨干校最大子项目"校企共同体体制机制创新"，为骨干校建设与验收作出了突出贡献；参与了浙江省高职高水平学校建设的申报、建设等工作；参与了4个国家教学资源库的申报、立项、建设等工作。从2008年至2020年负责学校发展委员会具体工作，为学校转型发展发挥了不可替代的作用。

　　学术任职：兼职山东省、贵州省、江西省、四川省等双高校、优质校评审专家，兼职杭州市孔子研究会常务理事、杭州市哲学社会科学文化学科评审专家、杭州市中职学校质量提升工程评审专家、杭州市哲学社会科学重点研究基地"现代职业教育研究中心"秘书长等。

　　业务专长：主要从事中国历史文化以及高职教育宏观政策与教育教学改革的理论与实践研究。主持全国教育规划课题1项，主持教育部人文社科规划课题2项，主持其他省部级课题6项。出版《高职形态研究》《"融"文化视域下职业教育发展范式研究》《公共实训基地"杭州模式"创新与实践》《职业教育校企合作机制及政策保障研究》《基于校企共同体多元发展模式创新与实践》以及《浙江历代状元研究》《中国古代文化概论》《中国古代管理思想史概论》《虢国研究》《教育理论与实践》等学术著作10部。在《中国高教研究》《高等工程教育研究》《教育发展研究》《史学月刊》《华夏考古》《北方论丛》《河南大学学报》《河南师范大学学报》等期刊发表论文51篇，其中CSSCI期刊20篇，被人大复印报刊资料、《新华文摘》转载6篇。科研成果先后获得河南省社科联优秀成果特等奖1项，杭州市社科联优秀成果1等奖1项、二等奖1项、三等奖1项。2014年、2020年连续两届获国家级教学成果一等奖2项，获省级教学成果一等奖1项、二等奖2项。

林春树

男，1977 年 5 月生。福建省莆田人。教授、正高级会计师、福建省管理型会计领军人才、注册税务师、福建省高层次（C 类）人才。毕业于东北财经大学，获得会计学硕士学位，曾任福建商业高等专科学校财务处处长、福建商学院财务处负责人、福建水利电力职业技术学院计划财务处长，现任杭州职业技术学院财务处副处长、采购中心副主任（主持工作），兼任财政部专家、教育部财务专家、教育部经费监管中心专家，福建省财政厅会计咨询专家、福建省教育厅财务专家、福建省财政厅绩效预算评审专家、中国教育会计学会高等职业院校分会副秘书长、福建省教育会计学会副会长等职务。

承担省部级项目 16 项，其中：主持财政部与福建省财政厅联合课题 2 项（成果被采纳）、福建省社科基金项目 2 项、教育厅重点课题 2 项、厅级课题 5 项、中国教育会计学会重点课题 1 项、福建省重点项目 2 项、中国教育会计学会高职分会重点项目 2 项。"海峡西岸经济区高等教育投入与经济增长协调发展的研究——基于福建省普通高等教育实证研究"获得中国教育会计学会 2015 年优秀论文一等奖；"财政滚动预算改革对教育部门预算的影响研究"获得中国教育会计学会 2019 年重点课题三等奖；荣获教育部财务司、中国教育会计学会高职院校分会举办的"2017 年技能比武"一等奖、"2017 年全国系列主题活动"特别贡献奖、2020 全国职业高等院校财经工作（十佳）管理与服务能手；"'福建版'财政支持现代职业教育改革项目专项资金管理实践"案例荣获 2020 年职业高等院校财务治理首批十佳优秀案例。出版专著 2 部，发表论文 13 篇，被 CSSCI 收录 3 篇，参与《中国教育报》专题报告 2 篇。7 项软件开发获得软件著作权。

　　参与国家示范校、国家骨干校、国家职业教育专业教学资源库、中央体育彩票专项资金等项目立项、验收、绩效评价等工作。参与"福建省示范性现代职业院校建设工程项目""福建省产教融合十五条""福建省职业教育校企合作促进管理办法""职业教育示范性现代职业院校建设工程专项资金管理办法""福建省双高计划项目建设"等政策顶层设计、起草工作。

林海平

女，1969年9月生。浙江瑞安人。研究生，工学硕士，三级教授。

1990年毕业于温州大学，1990年7月—2000年7月在瑞安市技工学校从事教学工作，2000年8月—2018年6月在温州职业技术学院从事教学、行政双肩挑工作，先后担任教学科科长，成教培训科科长，成教处副处长，成教学院副院长，科技开发处副处长、处长职务，同时承担计算机专业教学和科研工作。2018年7月至今，在杭州职业技术学院从事信息安全技术应用专业教学和科研工作。

主要研究方向：智能控制、信息处理。

代表性研究成果：（1）主持课题：浙江省科技计划面上工业项目"基于相空间重构的心脏危险征兆检测及监护系统研究"；浙江省科技计划公益技术研究工业项目"无源动态谐波滤波器研发"；杭州市农业与社会发展科研项目"基于物联网与深度学习的大气悬浮污染物智能监测系统研发"；温州市公益技术研究工业项目"城市智能路灯系统远程数

据监控中心的开发与应用研究";温州市决策咨询与政策研究课题"温州高校专业设置与产业发展关联性研究"。（2）以第一作者发表论文：Adaptive Slime Mould Algorithm for Optimal Design of Photovoltaic Models；High-precision Motion Control of Piezoelectric Actuators Using Time Delaye Estimation and Nonsingular Terminal Sliding Mode；A Tuning Method of Passive Filter Based on Variable Reactors；An Auto-tuning Filtering Method Based on Variable Reactors；A Novel Control Method of Dynamic Filter for Composite Power Load；《心电信号QRS波精确定位算法研究》《基于知识结构图的个性化学习内容生成算法》；（3）以第一发明人获授权发明专利："一种基于 Zigbee 的网络路灯照明系统""一种基于网络通讯的路灯控制方法""基于力学感应的精密螺纹检测设备""一种电感量可变的动态谐波滤波方法""一种动态谐波滤波方法""一种动态谐波滤波装置""一种智能路灯照明系统"。

获得荣誉：（1）获奖：温州市科学技术进步奖二等奖（2012、2015，均排名第 1）；国家级教学成果奖一等奖（2014，排名第 3）；浙江省教学成果一等奖（2014，排名第 3）；浙江省教学成果一等奖（2021，排名第 4）。（2）荣誉：杭州市 C 类高层次人才（2018）；浙江省万人计划教学名师（2021）。

林 茹

女，1969 年 9 月生。温州平阳人。大学本科，汉语言文学学士，教授。

1993 年毕业于温州师范学院。2004 年调入杭州职业技术学院，2011 年晋升教授。

2004 年以来，主持 2008 浙江省哲学社会科学规划课题"大学生思想政治教育实效性的困境与对策研究"省部级课题 1 项，参与国家级、省部级课题 3 项，主持市厅级课题 3 项。发表论文一级期刊 2 篇，《温州大学生与其他地区大学生创业意识比较分析》发表在《高等工程教育研究》，《大学生思想政治教育实效性的对策研究》发表在《社会科学战线》。在核心期刊发表文章 4 篇，一般期刊发表文章多篇，参与专著编写 2 部，主编公开出版教材 5 本。

2012 年以来，担任杭州市"党的十八大精神宣讲团"成员、杭州市社科联讲师团成员、钱塘区"钱塘·潮声"高校专家宣讲团成员、杭州职业技术学院党史学习教育讲师团成员等。给杭州市机关、学校、企业、街道等单位的党员做专题讲座、宣讲总共 20 多次，反响良好。

获得奖项和荣誉有杭州市教育局优秀教师、杭州职业技术学院优秀教师、杭州职业技术学院优秀党员、杭州职业技术学院优秀党务工作者、杭州职业技术学院优秀督导员等。

刘　瑛

浙江杭州人。1993 年毕业于杭州应用工程技术学院（现浙江科技学院）职业技术教育系机械工程专业，任教于杭州机械工业学校、杭州市机械局职工大学（杭州职业技术学院的前身），现任杭州职业技术学院特种设备学院教授、学术委员会委员。2011 年 10 月至 2021 年 12 月，担任机械设计与制造专业负责人，校级名专业带头人，浙江省高职高专院校中青年专业带头人。

从事机械设计与制造专业的教学研究工作，主要研究方向为机械产品设计及应用、高等职业教育教学理论与实践，先后赴德国海德堡教育学院、德国霍夫应用科学大学、德国伊尔梅瑙工业大学参加高职教育专业课程开发与教学法培训。

主持课题：浙江省高等教育教学改革项目"基于现代学徒制的航空装备制造业创新型人才培养模式的研究与实践"；浙江省高等学校访问工程师校企合作项目"叉车滑架模块式焊接夹具设计"；参与浙江国联设备工程有限公司横向课题"燃气管道随桥敷设施工用移动式操作平台"等。

代表性论文：The Use of Function-driven Shape Definition Method and GRA - EMM-based Taguchi Method to Multi-criterion Blade Preform Optimization；《基于旋风分离技术的循环式吸油烟机设计》《BMW2400 膜式壁成排弯管机机架的应力分析及结构改进》《新型螺纹预紧结构的有限元分析及结构改进》《德国高等教育双元培养模式探析——以霍夫应用科技大学机械制造专业

为例》等。

发明专利："一种环保循环式吸油烟机""一种焊接夹具及方法、一种叉车滑架焊接模板"。

专业建设：任专业负责人 10 余年，先后主持或作为主要成员高质量完成验收国家骨干校数控技术专业群专业（2011—2016）、杭州市重点专业（2014—2017）、国家级现代学徒制试点专业（2017—2019）、国家"双高"校电梯工程技术高水平专业群建设（2019—至今）等专业建设任务。

获得奖项及荣誉：指导学生参加浙江省第三届、第五届高职高专院校"挑战杯"创新创业竞赛均获一等奖，杭州市优秀共产党员（2016），杭州市属高校大学生创新活动成果奖优秀指导教师（2011）。

龙 艳

女，1981 年 6 月生。湖北荆门人。2005 年毕业于武汉理工大学，一直任职于杭州职业技术学院，曾先后担任汽车学院副院长、汽车学院党总支副书记等职，现任质量监控与评估处、审计处副处长（主持工作），入选国家课程思政教学名师、教学团队，杭州市属高校教学名师，获杭州市哲学社会科学优秀青年人才、杭州市"131"第三层次入选人才。

承担了汽车技术服务与营销专业的"汽车市场营销实务"、"汽车营销策划"、毕业综合实践等课程的教学任务，开展以学生为中心的项目化课程改革，引导学生主动学习，所授课程获得学生的一致好评。积极参与教学改革，在校 2011 年课程教学设计比赛中获得优胜奖，校第五届青年教师教学技能比赛中获得三等奖；在 2018 年第二批有效课堂认证中排名第一；2013 年、2014 年、2020 年、2021 年教学业绩考核为 A 等。带领年轻教师组建"二手车评估"课程团队参加 2020 年浙江省高职院校教学能力比赛，获二等奖；跨专业与服装专业教师组建教学团队，所建课程"服装立体裁剪"2021 年入选国家课程思政示范课、浙江省课程思政示范课。"产业集群发展背景下汽车类高技能人才培养的创新与实践"获浙江省第七届高等教育教学成果奖二等奖（排名第二），"小工坊大秀场：服装设计与工艺专业群个性化人才培养模式改革与创新"（排名第二）获 2021 年浙江省教学成果奖特等奖，"服务'一带一路'：高职院校国际化产教融合协同育人创新实践"（排名第三）获 2021 年浙江省教学成果奖二等奖。

从事汽车营销和高等职业教育的相关研究工作，先后主持浙江省"十三五"第二批教学改革研究项目"'双高'背景下新能源汽车技术专业群'1+X'证书制度实施的路径研究"，杭州市哲学社会科学规划课题重点课题"提升高职专业服务区域产业发展能力的策略""基于供应链的汽车销售企业物流运作模式优化问题研究""基于校企共同体的校内生产性实训基地的运行机制研究""促进区域产业转型升级的汽车制造类高技能人才培养路径研究""基于校企共同体的莲花 4S 店运行机制研究""基于校企共同体的汽车制造类技能人才培养模式的研究与实践""产业集群发展背景下汽车类高技能人才培养的创新与实践""'互联网+'时代高职院校发展对策研究""智能互联时代高职院校人才培养对策研究"等 10 多项市厅级项目。主要出版专著有《互联网时代的营销新策略——场景式营销》《互联网时代市场营销策划基本理论与案例分析》《"互联网+"时代高职院校发展对策研究》《提升高职专业服务区域产业发展能力的策略》。代表性论文有《大规模铺设物流网络成本对汽车营销的促进作用分析》《安倍经济学宽松货币政策实施逻辑及对外影响》《提升高职汽车类专业服务产业发展能力的实证研究》《基于网络环境的二手车营销策略研究》《校企合作模式下高职教育发展的多维思考》等核心期刊论文。参编教材《汽车商务礼仪》。

注重学生的思想政治工作，担任班主任期间所在班级获得校优秀团支部、班级特色项目三等奖 2 项、校暑期社会实践优秀团队，个人被评为 2013 年度杭州职业技术学院暑期社会实践优秀指导老师。2013 年和 2014 年指导学生获浙江省高职高专院校技能大赛"汽车营销"项目三等奖。带领学生组建创新团队，2020 年获浙江省大学生职业生涯规划大赛三等奖 1 项，浙江省"挑战杯"大学生课外学术科技作品竞赛三等奖 1 项，2021 年获浙江省大学生职业生涯规划大赛二等奖 1 项，发表实用新型专利 1 项。

工作中处处以一名中共党员的标准严格要求自己，勤勤恳恳、爱岗敬业，一直把教育工作当成事业来做，忠诚党的教育事业，注重师德师风建设，具有良好的思想品德和教师职业道德。同时还重视高职理论学习和自身综合素质的提高，通过学习不断树立高职教育工学结合、校企合作的思想；树立注重素质教育、加强创新精神培养、注重个性发展的思想；树立适应社会发展、为地方经济服务的思想，并以此指导自己的工作。获杭州市教育系统优秀教师、杭州市教育工会"事业家庭兼顾型"先进个人等荣誉称号。现任机关第四党支部书记，工作中营造理论学习氛围，打造党建工作品牌。个人微党课作品"有一种党员的责任是创新"在第四届全省高校微型党课大赛中获三等奖。

在汽车学院工作期间，构建了"党建引领、思政奠基、文化支撑"的"大党建"体系和"修身、炼技、创新"三位一体的学生思政教育体系，形成了分院党建和学生工作的品牌和特色，与辅导员团队在"学习通"开设"汽车学子职业行为与素养"课程建设，扩展了学生思政教育的载体和形式。工作中敢于担当，强化执行力，本人还曾担任汽车营销专业负责人，在分院的专业项目建设、1+X证书制度推进、中外合作办学项目申报等工作中高效推动工作开展。任期内每年的二级党组织书记抓党建工作述职评议结果均位居前列。

在质评处、审计处工作期间，全面推进内部质量保障体系建设，牵头完成质量年报和各类评估工作，制定各类评价指标体系，构建教学的期中、期末过程性学评教测评、课程的教师自我诊断测评、课堂的督导听评的多元教学质量评价体系，并基于多元测评大数据，实施教师教学质量数据画像。同时，有序开展中层干部经济责任审计、专项审计，严格开展工程项目审计，用规范的制度和信息化的手段，全面保障学校的教学质量和经济责任安全。

楼晓春

男，1971年生。浙江义乌人。杭州职业技术学院三级教授、学术委员会副主任，1997年毕业于合肥工业大学。兼任浙江省机械工业联合会副会长、浙江省汽车工程学会理事、浙江省社会科学界联合会理事、杭州机械工程学会常务理事。享受杭州市政府特殊津贴专家（2016），杭州市"131"中青年人才培养重点资助人选（2018），浙江省教坛新秀（2008），浙江省黄炎培职业教育奖杰出教师（2021），杭州市优秀科技工作者（2017），杭州市属高校中青年教学名师（2017），杭州市优秀教师（2009）。

从事电气自动化专业教学及研究工作，主要研究方向是智能控制技术、无线传感网络应用研究。主持完成省自然科学基金、省公益性技术应用研究等省部级、厅局级课题10多项，以主要成员参与浙江省重大科技计划项目1项。先后在《中国机械工程》《自动化仪表》等国内外期刊发表学术论文40余篇；获得发明专利4项，实用新型专利12项，软件著作权4项。主持制定国家级专业教学标准1项，主要参与制定国家职业标准1项；主持国家级职业教育教师教学创新团队，国家级课程思政教学名师、教学团队建设，主编、副主编《汽车空调维修技术》《电器控制与PLC》等职业教育国家规划教材3部，主编《电工基础》，出版专著2部。

荣获首届全国教材建设奖二等奖（2021）；浙江省教学成果特等奖（2021），浙江省教学成果二等奖（2014）；杭州市自然科学优秀学术成果一等奖（2014），杭州市自然科学优秀学术成果三等奖（2012）等学术荣誉。

卢华山

男，1963 年 8 月 12 日生。教授，中国针织工业协会专家委员会委员。

1986 年 7 月毕业于浙江丝绸工学院（现浙江理工大学）丝绸系丝织专业，获学士学位。1986 年 8 月—1992 年 8 月任教于河北纺织工业学校，1992 年 9 月—1998 年 4 月任职于河北纺织总公司华隆针棉织公司，1998 年 5 月—2006 年 8 月任教于河北科技大学纺织服装学院。2006 年 9 月至今任教于杭州职业技术学院针织专业。被中国纺织机械协会受聘为"国际纺织机械博览会展品"评估专家；被纺织行业职业技能鉴定指导中心受聘为《服装制版师国家职业资格培训教程》编委会专家。

主要从事针织毛衫工艺技术、电脑横机技术方向的教学与研究。编写了部委级高职高专"十二五"规划教材《针织毛衫工艺技术》、"十三五"规划教材《毛衫设计与生产》、"十四五"规划教材《电脑横机技术教程》，以及专著《毛衫成型设计与制版》。完成了"纺织科学与工程浙江省重中之重一级学科'纺织纤维材料与加工技术'国家地方联合工程实验室"开放基金"女子着装运动疲劳阈值研究与高效能运动服开发"等多项科研项目。2014 年获得了"最受学生欢迎的教师"称号，2019 年获得了浙江省第六届师德先进个人、杭州市优秀教师称号；连年获得校级"先进教师""师德先进个人""三育人先进个人""最受学生欢迎的十佳教师"等称号。2021 年 8 月获得浙江省职业院校教师教学技能大赛二等奖。获得"自动缂丝织机""可变动程主动控制式有梭引纬机构"等多项专利。

芦京昌

男，1955 年 2 月生于北京。祖籍江西宜春。1974 年 8 月在贵州平壩县槎白公社下乡。1977 年年底考入安顺学院中文（师范）专科班，1979 年 8 月到贵州省黎阳公社任教。1981 年 4 月调杭州重机厂任教，1988 年 5 月到杭州机械工业学校任教。1989 年 9 月考入浙江教育学院中文本科班在职学习。其间任学生科、招生就业科副科长、科长等。1996 年后，六校合并渐起。1998 年任杭州职工大学招生就业处处长，2001 年获评中专高级讲师（副高），任杭州职业技术学院招生就业处处长。2006 年转评为高校副教授（中文）。2007 年于杭师大完成在职研究生课程。2008 年获评高校（教育管理）研究员职称（正高）。2009 年因病转岗高职研究员（正处调）。2014 年，杭州市政府批准为三级研究员。次年退休。

任教职期间，共发表论文 16 篇（独著或第一作者），其中国家一级学刊 1 篇、核心期刊 13 篇（含被人大复印资料收录 1 篇）。指导青年教师发表论文 8 篇。主持省级科研课题 2 项并顺利结题，主持完成厅级科研课题 5 项。在中高职衔接、高技能人才培养、高职招生与录取、毕业生就业、高职语文类课程教改等方面颇有见地。曾长期担任省高职招生工作联谊会会长（省考试院领导的群众组织），在省内外同行中有一定影响。

回首来时坎坷路，难忘创业太艰辛。25 年前，六校合并转型高职教育，正值"高等教育大众化"之滥觞。时因市财政投入甚少，故"筹款"为重中之重。建设下沙新校区，力争招生指标，兴办社会急需专业，联系政府与企业资助，沟通毕业生就业渠道，理顺复杂的人事关系……区区900万哪里够用？所谓"位卑未敢忘忧国"，一切为杭职院的生存与壮大，不复计较其他。组织提供了平台，历史创造了机遇。有幸参与，幸莫大焉。十余年的暑假无休，教书育人中与伙伴们负重前行。然超量工作致健康受损。所幸在上级的领导下，努力过，奋斗了。有点小成绩，也评上些省、市、局和学校的荣誉。以今日看，均成过眼云烟矣。唯事业永存！唯壮心不已！引《钢铁是怎样炼成的》警句自勉："在火热的斗争年代，他没有睡大觉……在革命的红旗上，也有他的几滴鲜血。"功过是非，且留待后人评说吧。

陆叶强

男，1963年10月生。浙江杭州人。教授，大学本科，毕业于西安公路交通大学汽车运用工程专业，中共党员，高级技师，高级考评员；1983—2004年在杭州技师学院从事汽车专业教学和管理工作，任助讲、讲师、高级讲师，曾任教务处副主任、校区主任等职务；2004年至今在杭州职业技术学院从事汽车专业教学和研究工作，任副教授、教授，2005—2012年任汽车检测与维修技术专业负责人，2015年至今兼任校级督导员。

学术任职：曾任浙江省教育厅汽车专业指导委员会副主任，浙江省人事社保厅汽车专业专家委员会成员，浙江省专家库专家，杭州市D类人才，杭州市汽车专业专家组组长，多所高职院校汽车专业指导委员会委员，浙江省援疆和兵团第一师指挥部柔性援疆专家组成员，新疆阿克苏地区汽车技能大赛裁判长。

主要成果：

1. 主持科研项目4项：省部级课题"基于物联网的客运汽车安全带强制监管技术的研究与应用"（2015C33241）；杭州市科技局科技创新项目"汽车电控液力变速箱故障分析系统研究开发"（20070231H12）；浙江

省教育科学规划研究课题"基于能力本位的汽车检测与维修专业课程体系改革与研究"（SCG357）；浙江省教育厅科研项目"汽车轮胎压力监测系统研究与开发"（20061736）；参与浙江省重大国际合作研究项目2项。

2. 论文：在中文一级、核心、EI收录期刊共发表论文14篇。有《汽车排放超细微粒数浓度及粒径谱特征的实验研究》（中文一级）；《基于光散射法柴油发动机尾气颗粒测试分析》（中文一级）；《汽车排放控制系统的设计策略探讨》（中文核心）；《汽车胎压监测系统中轮胎定位技术的分析与研究》（中文核心）；《Dynamic Obstacle Voidance for Path Planning and Control on Intelligent Vehicle Based on the Risk of Collision》《An Analytical Model for Thermoelastic Damping of Micro-Ring Gyroscopes》（均被EI收录）等。

3. 专利：获发明专利2项，包括"座椅安全带三维系检机构"（专利号ZL 2015 1 0986275.1）、"座椅安全带三维系检机构"（专利号ZL 2015 1 0986273.2）；获新型实用专利共15项，"客运汽车乘客安全带佩戴状态的无线网络发射装置的研发"等；获得软件著作权2项，包括"基于模板控制的汽车发动机台架测量数据分析系统"（2016SR125210）等。

4. 教材：主编浙江省"十一五"重点建设教材《汽车综合性能检测技术》1本；主持校级精品课程"汽车发动机构造与检修"及网站建设；副主编省重点教材2本，参与编写教材3本，主编校企合作自编教材2本。

5. 学术进修：多次参加教育部等部门组织的在上海、深圳、北京、重庆等地的汽车新能源技术、宝马新技术国培项目的进修；曾在德国海德堡大学，以及奔驰、宝马和大众汽车公司进行汽车技术及教学研修。

6. 专业和实验室建设：主持杭州市公共实训基地汽车维修中心项目建设，完成总体规划、技术方案制订等工作，任汽车专家组组长及项目建设总负责人；主持汽车检测与维修技术及相关专业群建设（2005—2012年），为汽车专业的壮大发展和汽车学院的成立做了大量卓有成效的工作；主持完成杭职院汽车检测与维修技术专业的杭州市特色专业、浙江省特色专业项目的申报与建设工作。

主要研究方向：汽车及发动机控制技术、排放检测分析技术、汽车性能检测。

主讲课程："汽车发动机构造与检修""汽车发动机控制系统维护与

检修""汽车电路分析""汽车性能与检测技术""汽车文化""汽车综合故障诊断与排除"等。

奖励与荣誉：在 40 年的执教生涯中，始终不忘"德为人先、学为人师、行为世范"的初心，以高度的责任感、出色的教学艺术、精湛的专业技术以及深厚的学术素养，一直奋斗在教学科研第一线；曾多次获得"杭州市教育局系统优秀教师"，学校"优秀教师""优秀党务工作者""优秀共产党员""优秀督导员""十佳最美教师""最受学生欢迎教师"等荣誉称号；多次在全校优质课堂公开课和有效课堂教学认证等示范教学活动中赢得高度评价；带领指导学生参加浙江省汽车技能大赛获二等奖 3 项、三等奖 3 项；积极参与青年教师培养工程，培养指导年轻教师 4 名，在教学、科研等多方面发挥带头和表率作用。

作为高校教师不仅要教好书，更要育好人，真心爱生，成为学生的良师益友，这是对高校教师责任更深的理解。除了教学与科研工作外，一直担任班主任工作，所带的班级在各方面表现优秀，多次被评为优秀班级、先进班级。四十余载春秋，在工作岗位上践行着"平凡之中的伟大追求，平静之中的满腔热血，平常之中的强烈责任感"的真实内涵。

骆国城

男，1960 年出生。会计和工商管理专业双本科双学士，会计师、教授。主持并已经结题的省部级科研课题 1 项（浙江省哲学社会科学规划课题），主持并已经结题的市厅级课题 10 余项，包括浙江省劳动厅评审立项课题、浙江省社科联立项课题、杭州市社科联立项课题等；在《中国注册会计师》《财会通讯》《财会月刊》等核心期刊上发表专业论文 30 余篇，其中有 7 篇论文被一级期刊《财务与会计导刊》全文收录转载。被评为校级教学名师，多次获得校级优秀教师、师德先进个人、最受学生喜爱的优秀教师等荣誉称号；自 2010 年 9 月起到 2019 年 8 月期间，连续 9 年兼任班主任工作，所在班级多次获得杭州市级及校级授予的先进团支部、文明班级等荣誉称号。指导学生参加会计技能竞赛，多次获得省级二等奖。

吕路平

男，1981 年 7 月生。浙江永康人。2016 年毕业于浙江工业大学应用化学专业，工学博士，2018 年 3 月至 2019 年 3 月获国家留学生基金委资助赴美国北卡罗来纳州立大学做访问学者，从事染料敏化太阳能电池研究。2006 年执教杭州职业技术学院，现任生态健康学院教授，校学术委员会委员，校教学督导，校功能膜材料科研创新团队负责人。

主要研究方向：精细化工、职业教育评价、科技评价。近年来主持省部级项目 3 项、市厅级项目 5 项，以第一或通讯作者发表 SCI 收录论文 40

余篇，国内核心期刊 2 篇，授权发明专利 2 项。

标志性成果：（1）论文：Three-component One-pot Reaction for Molecular Engineering of Novel Cost-effective Highly Rigid Quinoxa -line-based Photosensitizers for Highly Efficient DSSCs Application：Remarkable Photovoltage（*Dyes and Pigments*）；Molecular Engineering and Synthesis of Symmetric Metal-free Organic Sensi-tizers with A-pi-D-pi-A Architecture for DSSC Applications：the Effect of Bridge Unit（*Journal of The Iranian Chemical Society*）；《基于五位视角的高职课堂教学诊断与改进体系构建》（职业技术教育）、《双高计划背景下高职院校产教融质量评价体系研究》（职业技术教育）。（2）发明专利：一种苯腙类荧光探针及其制备和应用、一种高刚性喹喔啉类染料敏化剂及在制备方法和应用与流程。（3）课题：2020 年浙江省哲学社会科学规划课题"'双高计划'背景下高职院校产教融合质量评价体系研究"，2022 年浙江省哲学社会科学规划课题"高质量发展视域下'双高计划'建设成效评价研究"，2022 年浙江省科技厅软科学研究计划"浙江省新材料科创高地发展指数评价体系构建及对策研究"。

获得奖项或荣誉：杭州高层次人才特支计划第一层次，2015 年全国职业院校技能大赛化工生产技术赛项团体一等奖（指导），2015 年浙江省高职高专院校化工生产技术技能大赛团体一等奖（指导），2016 年全国职业院校技能大赛化工生产技术赛项团体三等奖（指导），2016 年中国石油和化工教育科学研究成果二等奖，2017 年挂职全国学生运动会获杭州市人民政府行政嘉奖。

吕伟德

男，1968年8月生。浙江缙云人。1991年毕业于浙江农业大学，2013年获浙江大学农业推广硕士。先后执教于浙江省丽水农业学校、丽水职业技术学院、丽水学院。2004年后任教于杭州职业技术学院，现为彩虹鱼—动漫游戏学院园艺技术专业教授、专业建设指导委员会委员，兼任浙江省农林牧渔专业指导委员会委员、浙江省高职园艺技术专业建设委员会副主任，浙江省高职专业带头人，全国农业职业教育教学名师，浙江省微量元素与健康学会理事。

　　从事园艺作物高效栽培、药食同源植物生理生态与精准种植技术教学与研究工作。主持或作为主要成员参与科技部中小企业创新基金项目 2 项："基于良种选育及高效立体技术的西红花关键技术研究与示范""基于乌饭树嫁接育苗及高效栽培的蓝莓关键技术研究与开发"；科技部星火计划项目 2 项："西红花标准化培育关键技术与示范推广""基于物联网的铁皮石斛优质高产栽培方案"；主持完成浙江省自然基金项目"高效离子色谱法测定药用植物多糖类化合物的分析方法研究"、浙江省科技厅公益农业项目"名贵中药材西红花连作障碍土壤修复关键技术研究与复合微生物制剂开发"、参与"基于物联网的芦笋害虫远程监测预警信息系统与开发""多传感器信息融合的铁皮石斛害虫监测预警物联网系统设计与开发"研究及参与完成浙江省科技厅分析测试项目 2 项："多花黄精蛋白质多糖的提取与离子色谱检测方法研究""西红花球茎蛋白多糖的提取与离子色谱检测方法研究"；主持或作为主要人员参与杭州科技重点项目 2 项："浙产多花黄精物联网精准栽培及精深加工关键技术研究与示范""西红花连作障碍综合防治及智能化高效栽培关键技术研究与示范"，参与杭州市农业科技项目 7 项："基于物联网的西红花种质引进、精细化培育及品质评价标准的研究与应用示范""西红花提纯复壮技术研究与高效立体栽培模式的示范推广""利用高山木榧群落仿野生栽培高品质的铁皮石斛关键技术研究与示范""基于物联网的香榧标准化育苗基地建设与技术示范""基于物联网技术的多花黄精生态种植关键技术研究与应用示范""华东覆盆子种质引进筛选和智能化快繁育苗技术研究与应用示范""基于物联网的名贵中药材西红花种球繁育关键技术研究与示范"。授权发明专利 3 项："一种园林用盆栽松土装置""一种藏红花、西红花的智能培育系统及方法""智能大棚监测控制系统及方法"；成果转化 3 项："多花黄精智能化快繁育苗技术""基于乡村振兴产业需求的植物资源引选与数字化系统开发应用""名贵中药材西红花无公害及智能管理系统研究"。

　　执教 31 年来相伴 5000 余名莘莘学子，始终坚守着一腔热诚和一份热爱，全身心投入教育事业、严谨治学、求真务实，一直恪守"为人师者，行师之道；立德树人，以诚待生；学高为师，身正为范；敦本务实，教研相长"的教育理念和为人准则。在长期的教育教学实践中，主持完成 5 项教育教改项目：浙江省科技厅立项"校企深度融合学研合一的现代农业高技能人才培养模式研究与实践"，浙江省人力资源和社会保障厅立项"农林业专业大学生创业能力探析与创业教育对策研究"、"校企合作建设大学生创新创业平台的实证研究——以园艺专业为例"，浙江省教育厅项目"基于 Web 协作式自主学习的高职院校顶岗实习教学与管理系统开发及应用研究"，浙江省教育科学规划课题"基于行动导向的高职专业主题资源网络教学设计实践与教学模式的探究"。深耕教学建设，主持"花卉园艺技术"省精品课程建设及国家教指委精品课程建设，"园林植物资源"获浙江省第五届教师自制多媒体教学课件评比二等奖，"花卉园艺技术"网络课程获第八届浙江省高校教师教学软件评比一等奖；重视双创教育，组织学生申报完成浙江省大学生新苗人才项目 5 项，参加各类大学生竞赛获奖 20 多项，其中"环保型水培组合智能栽培系统"获浙江省第二届高职高专院校"挑战杯"创新创业竞赛特等奖，"菜鱼共养多功能室内智能园艺盆开发"获浙江省第三届高职高专院校"挑战杯"大禹·尚格创新创业竞赛特等奖及最佳表现奖，"杭州向扬科技有限公司创业计划"获浙江省第四届高职高专院校"挑战杯"工商银行创新创业竞赛特等奖，"多花黄精高效生态种植模式及关键技术研究"获 2021 年"振兴杯"浙江省青年职业技能竞赛创新创效专项赛金奖。

麻朝晖

　　男，1970年7月生。浙江缙云人。硕士，教授。1992年7月毕业于浙江师范大学政教系政教专业。1992—2001年在丽水师范专科学校从事思政课教学工作。2001—2012年在丽水学院从事教学与管理工作，先后担任经管学院副院长、丽水学院经济发展规划研究所所长、丽水市政府专家咨询委员会委员、丽水市人大常委会财经专家咨询组成员。2012年至今，在杭州职业技术学院从事教学与管理工作，先后担任人文社科部主任、党群党总支书记、党委宣传部部长、党委组织部部长（兼统战部部长）。

主要研究方向：政治经济学、区域经济学。

主要研究成果：（1）课题：主持和参加完成国家哲学社会科学规划课题"生态文明与欠发达地区工业化战略研究"（排名第二），浙江省哲学社会科学规划课题"欠发达地区生态环境问题与对策研究"，浙江省科技厅重点课题"欠发达地区经济发展与生态环境保护互动机制及对策研究"，浙江省协作攻关课题"我省欠发达地区经济跨越式发展与生态环境优化整合对策研究"等各类课题20多项；（2）专著：出版《贫困地区经济与生态环境协调发展研究》专著1部，参加完成《东方太阳城——企业社会责任运动个案研究》（合著），《理论创新的典范——"三个代表"重要思想研究》《中共"三农"理论发展与实践》《中国欠发达地区"三农"问题研究——浙西南个案分析》《融在高职教育中——杭州职业技术学院行动与思考》等专著多部；（3）论文：在《自然辩证法研究》《社会主义研究》《毛泽东思想研究》《黑龙江社会科学》《求索》等刊物发表《论欠发达地区经济发展与生态环境优化整合》《关于社会主义初级阶段劳动力商品的思考》《邓小平共同富裕思想与实践的宏观考察》《贫困落后地区工业经济发展与生态环境保护整合研究》《合成革产业"污染物"资源化利用研究》等论文30余篇。

主要奖项与荣誉：浙江省第七届精神文明建设"五个一工程"奖（2001年），浙江省中青年学科带头人（2007年），浙江省"151"人才（第三层次）（2009年）。

马占青

男，1961年5月生。内蒙古托克托县人，研究生学历，工学博士学位，教授。

1982年毕业于内蒙古大学，获理学学士学位；1997年毕业于河海大学，获工学硕士学位；2000年毕业于河海大学，获工学博士学位。

1982—1985年，在内蒙古自治区园艺科学研究所从事农业环境科学研究工作，任助理工程师。1985—2000年，在水利部牧区水利学科学研究所从事水环境科学研究工作，先后任工程师、高级工程师。2000—2001年，在解放军镇江船艇学院从事环境专业教学与科研工作，任高级工程师。2001—2006年，在浙江万里学院从事环境专业教学与科研工作，任副教授。2006年至今，在杭州职业技术学院从事环境专业教学与科研工作，先后任副教授、教授。

主要研究方向：水环境污染控制与治理、水环境监测。

代表性研究成果：（1）著作与教材：《水污染控制与废水生物处理》《环境科学专业英语》《水环境监测》。（2）主持课题：浙江省自然科学基金项目"东钱湖富营养化生态修复"；宁波市博士基金（重点）项目"有效微生物废水处理动力学研究"；浙江省教育厅科研项目"有效微生物废水处理试验研究"；解放军原总后勤部科研项目"陆空军港湾码头环境保护对策研究"。（3）论文：《年降水量统计马尔可夫预测模型及其应用》《棕毛纤维介质对富营养化水体净化效果的研究》《葎草水培生长及对富营养化水体中氮磷的净化》《城市用水量与污水排放量的灰色马尔可夫预测》《华东地区水资源一体化探讨》。

　　获奖与荣誉：水利部科学技术进步奖三等奖（1992）；浙江省高等学校科研成果三等奖（2010）；第一届全国高职高专环保类专业环境监测技能大赛优秀指导教师（2009）。

孟 伟

　　男，1970年5月生。特种设备学院机电一体化技术专业负责人，维修电工高级技师，国家职业技能鉴定高级考评员，一直从事电气控制与电子技术应用工作。自2004年起已经连续18年一直担任杭州市职业技能带头人工作，利用技能带头人这一平台广泛培养企业高技能人才。目前依托实训教师这一工作岗位，以自身丰富企业经历为基础，发挥自身专业技能，尽心尽责将自己所学用以培养高技能大学生。同时带领学生服务企业技术创新和革新工作，取得了显著成绩。指导学生参加多项国家、省级技能竞赛，组织学生为企业、社区服务，多渠道提高学生创新能力，为企业培养急需

人才，10多年的耕耘现已硕果累累。

1. 技能水平突出

多次参加省、市技能竞赛，在浙江省维修电工技术比武和仪器仪表装配工技能比赛等项目中，共获得4次省级一类竞赛第一名的好成绩。

2. 屡获政府荣誉

辛勤付出得到了省市政府的高度肯定，先后获得杭州市、浙江省、全国技术能手，浙江省职工经济技术创新能手、临安市（现临安区）劳动模范、浙江省十佳能工巧匠荣誉称号、杭州教育工匠、杭州工匠、浙江工匠、杭州市五一劳动奖章、浙江省高校优秀共产党员等荣誉。

3. 服务企业，社会业绩成效明显

担任维修电工高级技师期间，先后为10多家企业开发新产品，解决技术难题，比如为杭州万马高能量电池有限公司开发的PACK成品电池测试设备，大大提高了检测效率；为杭州博达电源有限公司开发的电动滑板车电池；对浙江西尔灵钟表有限公司的设备进行改造，解决了企业难题。

4. 高技能人才培养硕果累累

10多年来一直担任杭州市职业技能带头人，其间指导企业员工杨军等同志参加竞赛并取得好成绩。培训的维修电工人才不计其数。

指导学生参加各类国家级、省级技能、学科竞赛获奖30余项，通过竞赛提高了学生的创新、创业能力。

5. 科技创新持续不断

在指导学生进行项目训练过程中挖掘创新点，指导学生积极进行专利申报工作，学生已取得实用新型专利授权20余项。

潘建峰

　　男，1980年1月生。首批"杭州市担当作为好干部"（2019年市属高校唯一入选者）、首批杭州市杰出教育工作者（2021年）。在教育教学岗位上善作善成。所作工作获时任省长车俊（2014年）和分管教育副省长程岳冲（2019年）两次批示肯定，所带团队获得浙江省高校先进基层党组织和杭州市五一劳动奖章荣誉称号。个人获得国家级荣誉多次，事迹被杭州电视台专题报道。承担市级以上重大专业建设项目17项（国家级7项），"产教科融合、育训用一体"的电梯人才培养模式成为职业教育支持当地产业发展的"杭州经验"，得到业界高度肯定。

作为教师，在学生评教中多次获评学生满意教师，在全校青年教师"教学做"课堂教学技能比赛中综合成绩第一名（2010 年），浙江省高等学校第六届青年教师教学技能比赛省级优秀奖（2010 年，当年最高奖项）；挂职农村工作指导员，获市级优秀农村工作指导员荣誉；担任公共实训基地三大中心负责人，高质量建成国家级高技能培训基地；任职特种设备学院负责人，实现国家高水平专业群、国家专业教学资源库、国家级技能标准、国家级基地等一系列"国字号"荣誉大满贯；兼任直属党支部书记，获评校"十佳好书记"，所带支部获浙江省高校先进基层党组织称号。担任教务处处长，牵头的全省教学业绩考核排名全省前列；担任双高办负责人，协助学校成功申报国家"双高"校（执笔电梯专业群申报材料）。

在重大专项、教育教学改革、学生培养和社会服务等方面取得了一些突破性的成绩。仅用 4 年时间，把电梯专业群做到了全国电梯行业唯一一个"双高"计划建设专业群，牵头制定国家标准 1 项，参与制定国家技术规范 1 项、团体标准 3 项，在国内电梯领域形成"技能标准出杭职、人才培养看杭职"的行业共识。创新路径谋改革，完成国家现代学徒制改革等重大项目多项，带领新成立的学院连续多年教学考核位居全校第一，培养学生多次获全国大奖，学生成长成才故事两次被 CCTV1 报道。开创"培养一个孩子，脱贫一个家庭"精准扶贫模式，成为杭州职业教育对口支援四川广元、贵州黔东南、湖北恩施的经典项目，得到时任省长批示肯定，被教育部评为全国高校定点扶贫典型案例、助力学校获得中华职业教育社温暖工程实施二十五周年"温暖工程优秀组织管理奖"和全国职业院校决胜脱贫攻坚"先进集体"称号。以国际标准服务杭州电梯产业走出国门，南非留学生项目被南非工业署副署长称赞为"国内看到最好的一个项目"。

专业能力突出，发表论文 24 篇（一级 4 篇、核心 16 篇），授权专利12 项（发明专利 3 项），市厅级以上课题 9 项（主持省部级 2 项）。同时担任教育部全国行业职业教育教学指导委员会委员、浙江电梯协会副秘书长，浙江大学职业教育师资培训讲师，开展各类专题报告 100 多场，在全国人工智能大会职业教育论坛、全国现代学徒制大会等综合性会议上展示杭州职业教育工作的风采。

饶君凤

女，1969 年 7 月生。浙江缙云人。1989 年毕业于浙江中医学院中药系。先后任职于浙江处州制药厂、丽水医药站、浙江中强医药有限公司，历任技术科科长、质管部经理、分管质量副总经理。2003 年 9 月从事教育工作，先后执教于丽水学院、杭州职业技术学院。现任杭州职业技术学院生态健康学院生物制药技术专业教师，中药学教授，执业中药师。

从事"中药鉴定技术""药品生产质量管理"等课程的教学工作，教学内容与时俱进，公开出版主编

教材《药品生产质量管理》和《中药鉴定技术》（浙江省首届新形态高职高专教材）；认真研究教法，力求上好每一堂课，"中药鉴定技术"课程教学被评为有效课堂认证 A 级。重视学生的培养，结合自己专业特长，做好育人工作，在创业创新和培养人才方面取得较好成绩：作为第一指导老师，所指导的学生分别荣获全国职业学校创新创效创业大赛一等奖 1 项、二等奖 1 项，浙江省高职高专院校"挑战杯"特等奖 2 项、金奖 1 项、一等奖 2 项，指导学生主持省新苗人才计划 2 项。兼任班主任工作，所带的

班级药品 0821 和制药 2013 均荣获杭州市教育系统先进团支部荣誉称号，制药 1412 荣获杭州市团委系统先进团支部。

从事中药资源开发与应用研究工作，主持完成科技部星火计划课题 1 项、科技部科技型中小企业技术创新项目 1 项，主持浙江省公益性项目 2 项、市级课题 5 项，其中包括 1 项市级重点项目，获得资助 178 万元。以第一作者发表核心以上论文 16 篇，公开发表专著《药材中的红色黄金——西红花》1 部，2015 年研究成果"西红花提纯复壮及基于物联网的高效精确栽培技术研究与应用"获杭州市科技成果三等奖，2019 年 3 月，被中国药文化研究会西红花分会特聘为专家；2021 年 7 月，荣获浙江省农业科技先进工作者。

坚持教学和科研为了服务社会的宗旨，几年来，先后受富阳渌渚镇农技站邀请，在 2014 年和 2015 年分别为富阳渌渚镇农民开展西红花栽培系列讲座；受江干区社会组织服务中心邀请，于 2016 年 10 月参加"食品药品安全进社区项目"，为江干区八堡等四个社区居民开展药品安全讲座；受杭州市科技局邀请，分别于 2017 年 9 月 28 日到临安太阳镇进行开展中草药种植实用技术培训讲座，2017 年 12 月 11 日到王阜乡进行了中草药种植实用技术培训讲座；受杭州市农业科教总站邀请，于 2019 年 12 月 3 日给杭州市中草药兴业带头人培训健康维护知识；受杭州市农业教育培训中心邀请，2020 年 8 月 5 日给杭州市农业科技专家服务队成员素质提升培训班开展新冠肺炎疫情下农推人员健康管理培训；受西湖区人大邀请，于 2020 年 9 月 11 日为市人大社会建设工委主任，区人大常委主任、副主任，区人大机关、各镇街人大、区政府相关职能部门负责人，区人大社会建设委委员及部分区人大代表，街道居民议事会成员，等等共计 80 余人开展饮食与养生——饮食有方、杜绝浪费讲座；受江干政协五星级委员工作室下沙潮音书院、江干女企业家俱乐部、下沙街道、下沙七格社区、湾南社区、下城中舟社区、景安社区、大木桥社区等邀请为社区居民等开展多场健康养生讲座，受到居民的高度认可，听课评分高，课后反响好。同时作为江干区政协委员和民建会员，积极做好参政议政，其中参政议政成果"浙江省道地中药材发展存在的问题与对策建议"获得时任分管农业副省长黄旭明的批示，几年来，共获得杭州市民建市委会参政议政成果奖一等奖、二等奖等 5 项，获杭州市优秀民建会员、杭州市知联英才等个人荣誉 4 项，自担任江干区政协委员开始，连续 6 年执笔所写提案均获得优秀提案，2 次荣获双好委员个人荣誉。

沈海娟

女，无党派人士，教授。1986 年 7 月毕业于杭州大学（现浙江大学）。曾先后负责组建杭州职业技术学院信息电子系、质量监控与评估处并担任系主任（处长）。

担任（曾任）全国高等院校计算机基础教育研究会高职计算机与电子商务专业委员会第一届理事会常务理事、全国高等院校计算机基础教育研究会高职高专专业委员会理事、中国电子学会教育工作委员会高职高专专委会委员、中国思科网络技术学院理事会执行委员会委员、浙江省高职高专计算机类教学指导委员会委员、浙江省计算机学会理事、H3C 网络学院

浙江省理事会副理事长、浙江省省级高职（高专）专业带头人。主持的"路由与交换"课程被评为浙江省精品课程、国家精品课程，并获第一批国家级精品资源共享课称号；主编的《路由与交换》教材入选第一批"十二五"职业教育国家规划教材；带领的"网络技术"教学团队被评为浙江省首届高等学校省级教学团队；曾获杭州市属高校教师教学优秀奖。连续多年担任全国职业院校技能大赛高职组赛项裁判、江苏省职业院校技能大赛高职组赛项裁判。

坚持理论学习与督导实践相结合，创造性地落实教育部、教育厅有关内部质量保证体系建设的文件精神，以"有效课堂认证"推动学校诊改工作，形成了"寓权威性于平等性、寓交流提升于评审评价"的认证办法，通过认证的教师较好地践行了"学生主体、行动导向、注重效果"的教学理念。以标准建设规范学校督导工作，明确"以导为主"的督导工作原则，弘扬以"公正、信任、分享、反思"为核心的督导队伍价值认同，探索以"关注激励"和"教学对话"为手段的督导工作方法，倡导"促进教师学习共同体建设"的督导工作方向。面向问题，克服困难，逐步探索形成了富有杭职特色的督导工作定位和方法框架，丰富了学校"以融至善"的理念内涵，持续推进督导工作走向深入。

担任贵州轻工职业技术学院有效课堂认证专家组组长，执行杭职院与贵轻院的战略合作协议，指导贵轻院制订有效课堂认证工作方案，负责组建专家团队，协调专家团队开展指导、培训、评审、分析总结等具体实施工作，协助贵轻院开展教学评价模式改革，有效地提升了学校教学质量。

施丽娜

女，1980年2月生。浙江省杭州人。教授。1999年毕业于杭州工艺美术学校室内设计专业；2003年毕业于浙江工业大学艺术设计（室内与家具设计）专业；2014年获得浙江理工大学的硕士学位；2018年赴新西兰完成3个月的专业及课程进修。2003年进入杭州职业技术学院艺术系室内设计专业任教，2012年到杭州职业技术学院杭州动漫游戏学院任教。现任动漫设计专业负责人、学校学术委员会委员、杭州市创意设计协会理事。2017年评为省级专业带头人；2016年入选市"131"第三层次（资助）人

才人选；2018年获杭州市优秀教师；2019年获第五届黄炎培杰出教师奖；多次获得学校优秀教师、"三育人"先进个人、职业素养十佳先进等荣誉称号。任职专业负责人7年，6年考核为优秀。

主要研究动漫设计与建筑、影视等多个设计领域的融合。（1）出版专著：《儿童环境设计》《让孩子导演自己的人生——游戏环境交互设计实用手册》；（2）发表核心论文：《针对城乡地域幼儿园的游戏环境设计策略——以杭州市江干区为例》《寓教理念与生态化改造的共生——杭州市东城幼儿园室内环境设计解析》《职业教育"三教"改革：意义、原则及对策——动漫类中外合作项目视角》《基于工作本位视阈的工作室制人才培养模式研究——以动漫设计专业为例》，其他论文20余篇；（3）基金项目：国际化复合型动漫设计人才培养模式研究（省级）、基于小班化教学的动漫设计专业工作室制人才培养模式改革实践（省级）、动漫色彩语境下幼教环境人本化设计策略研究（市厅级）、让孩子导演自己的人生——游戏环境交互设计实用手册（市厅级）、幼教改革视域下幼儿园生态化改造的实证研究——以杭州市江干区为例（市厅级）、节能化室内装饰设计研究（市厅级）、居家养老背景下基于用户体验的城市公寓适老化设计研究（市厅级）；（4）出版教材：《室内设计手绘效果图》《环境艺术设计表现》；（5）专利3项；（6）指导学生参加大赛获奖5项。

教学能力出众，教学业绩突出。作为一线教师，热爱教育事业，时刻谨记教师身份，严于律己，为人师表，认真执教，重视个性化培养。业务能力突出，课堂组织能力强，注重课堂教学形态的创新，企业研发项目物化成果丰富，深受学生欢迎。2012年至今，教学业绩考核均为A，学生教学测评均为全院前茅，校督导听课均为A，首批有效课堂认证为A。多次开设校级优质公开课、名师沙龙，指导年轻教师积极开展教学改革与创新。

致力于动漫专业及二级系院的发展，带领动漫设计专业在"政行企校办学模式""工作室制人才培养模式""产教融合课程体系"等方面进行了突破性的改革。专业建设成效显著，学生培养质量大大提高，师资团队整体素养稳步提升，社会认同度显著提高。"基于企业典型产品开发的工作室制人才培养模式创新与实践"获得2016年浙江省教学成果奖二等奖（主持）、"服务'一带一路'：高职院校国际化产教融合协同育人创新实践"获得2022年浙江省教学成果奖二等奖（主要成员）等重要奖项。作为项目负责人带领动漫专业取得浙江省"十三五"优势专业，参与浙江省产学合作协同育人、教育部中外合作办学（中新项目）、杭州市属高校产学对接特需专业、杭州市新型专业群、杭州市属高校第二批市级重点实训基地、校现代学徒制深化建设、校教学创新团队等多个专业建设项目，已验收的项目成绩均为优秀。

科研能力强，社会服务成效显著。连续 4 年被聘为浙江省高校招生职业技能考试工艺美术学科评卷专家。作为杭州市创意设计研究会理事，积极推进高校互访交流及大赛组织工作，大赛获奖成果颇丰。2012 年取得室内设计师职业资格，并在幼儿环境设计领域有一定的社会知名度。2008 年至今，任杭州道禾艺术设计有限公司设计总监，主持完成设计项目 40 余项。2018 年，通过杭州市属高校产学对接优秀中青年教师进企服务项目，完成浙江省龙游灵江幼儿园室内设计等项目，验收考核为优秀。参加杭职院青少年职业体验培训项目，培训达 500 人次以上。参加各类校内外师资培训 200 人次以上。

童国通

男，1976 年 8 月出生。浙江兰溪人。1998 年毕业于浙江工业大学，曾在杭州电化集团有限公司等任职技术研发员，2005 年调入杭州职业技术学院任教，其间赴德国 IB 职业教育研修 3 周，国家教育行政学院学习 2 个月。现任学校生态健康学院院长、党总支书记、校学术委员会委员等职务。

主要从事绿色合成技术研究和职业教育研究。擅长光气替代技术在医药中间体合成中的应用，出版《合成药物及其构效关系研究》专著 1 部，开展企业技术研发与成果转化，多项成果实现工业化，"一种用于热熔胶改性用弹性树脂的开发"获得企业转让，"4-N-烷基苯甲醛系列化合物"

获平湖市科技进步奖三等奖。在国内外期刊发表学术论文20余篇，授权专利5项，编写国家标准《含铜蚀刻废液处理处置技术规范》1项。在专业建设与教学改革方面，大胆开展精细化工技术专业"教学研"融合创新服务区域中小企业"111"模式探索与实践，成效明显，带领专业建成浙江省"十三五"优势专业、国家骨干专业，专业团队建成杭州市属高校第二批科技创新团队；坚持立德树人，始终坚守课堂教学，实施因材施教，主编《染料生产技术》《精细有机单元反应与工艺》《化工单元操作与实训》教材3本。

钻研职业教育，践行职业教育新理念，获得中国石油化工行业优秀教学成果奖一等奖（2022）、国家教学成果奖一等奖（2018）、浙江省教学成果一等奖（2016）等奖项多项；入选浙江省高职高专带头人（2013）、杭州市"131"中青年第二层次人才（2016）、杭州市"万人计划"教学名师（2021）、杭州市第六届黄炎培杰出教师（2021）等。

王惠姣

女，1976 年 5 月生。浙江东阳人。博士、教授、硕士生导师，杭州市 D 类人才。

1997 年 7 月毕业于杭州电子工业学院（现杭州电子科技大学）机械电子工程专业；1997 年 7 月—1999 年 6 月任职于杭州西子集团有限公司，从事医学显微镜的技改工作；2003 年 4 月毕业于杭州电子工业学院控制理论与控制工程专业，获工学硕士学位；2003 年 4 月—2017 年 11 月任职于浙江理工大学机械与自动控制学院，先后任讲师、副教授、教授（2015 年 11 月），硕士生导师；2005 年 3 月—2008 年 3 月就读浙江大学控制科学与工程专业，获工学博士学位；2013 年 11 月—2014 年 11 月由国家留学基金委员会资助公派访问澳大利亚阿德莱德大学电子与电气工程学院一年；2017 年 12 月—2020 年 3 月任职于杭州电子科技大学自动化学院（人工智能学院），硕士生导师；2020 年 3 月至今任职于杭州职业技术学院友嘉智能制造学院，现任数控技术专业负责人，兼任全国机械职业教育教学指导委员会专家组成员、中国自动化学会会员。

主要从事自动化、网络化控制、多智能体系统、人机交互、机器人、人工智能等方面的教学和科研工作。主持完成国家自然科学基金项目 1 项，浙江省自然科学基金重点项目 1 项，浙江省自然科学基金一般项目 1 项，浙江省公益计划项目 1 项，发表 SCI 收录论文 30 多篇，其中 ESI 热点论文 1 篇，高被引论文 5 篇，授权发明专利 1 项。围绕多无人机系统和工业物联网系统，参与完成国家自然科学基金应急管理项目 1 项，浙江省自然科学基金委和国家自然科学基金委联合基金项目 1 项。申请发明专利 6 项。

王丽霞

女，1966年1月生。河南省焦作市人。硕士，教授，高级工业设计师，高级3D打印造型师。1985年6月毕业于北京理工大学机械工程系。

迄今从事教育工作37载，先后执教于郑州工程技术学院、杭州职业技术学院，并担任工业设计专业负责人。兼任杭州市第十三届人大代表、全国机械职业教育专业教学指导委员会工业设计专指委委员、全国职业技能大赛专家委员。

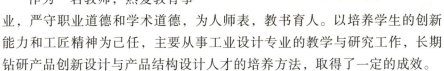

作为一名教师，热爱教育事业，严守职业道德和学术道德，为人师表，教书育人。以培养学生的创新能力和工匠精神为己任，主要从事工业设计专业的教学与研究工作，长期钻研产品创新设计与产品结构设计人才的培养方法，取得了一定的成效。

代表性成果有：

出版专著《产品创新设计与实践》，出版教材《产品结构设计》，发表论文《电动汽车立体停车设备的控制系统》，主持科研课题"电动汽车立体停车设备的研发"，主持教改课题"中高职一体化工业设计专业人才培养模式"，获国家发明专利"剪刀"。

获奖荣誉：

"产品设计工学基础"获浙江省在线精品课程，民革杭州市优秀党务工作者，杭州市人大履职积极分子，全国职业技能竞赛优秀指导教师，指导学生参加金砖国家"3D 打印造型技术"竞赛获金奖，杭州职业技术学院优秀教师。

王晓华

男，1958年2月生。江西东乡人。大学本科，研究员。毕业于华中科技大学，曾长期在原铁道部南昌铁路局从事医疗卫生技术和管理工作，先后担任过铁路医院院长、铁路疾病预防控制中心主任等职务。曾获得南昌铁路局科学技术进步奖二等奖。2005年调入杭州职业技术学院，担任就业指导中心主任。2008年起在发展研究中心（科研处、高职教育研究所）从事科研管理和高职教育研究工作。先后任副研究员、研究员。

代表性研究成果：主持省市厅级科研课题8项，主要有浙江省哲学社会科学规划课题"产业升级背景下高职教育服务区域经济的研究——以杭州为例"、浙江省社科联课题"产业转型升级背景下高职教育产教融合校企协同育人探索"、浙江省教育厅课题"校企共同体架构下高职院校专兼职教师融合互通对策研究"、浙江省教育科学规划课题"依托校企合作平台提升高职院校教师科研能力的实践研究"等，参与省部级多项科研项目；公开发表学术论文20余篇，其中在核心期刊上发表论文10余篇，主要有：《产业转型升级背景下高职教育专业设置透视——以在杭高职高专院校为例》（《中国高教研究》）、《高职教育内涵建设中科研的构建与提升》（人大复印报刊资料《职业技术教育》）、《高职院校科研现状及发展战略的探讨》（《科技管理研究》）等。

获得奖项及荣誉：获得杭州市第十九届哲学社会科学优秀成果奖三等

奖一项，杭州市历届社会科学界优秀成果奖二等奖两项、三等奖一项，还获得过中国职业与成人教育学会、中国职业技术教育学会、浙江省高校科研管理学会高职分会优秀成果奖多项；曾担任杭州市"十三五"哲学社会科学学科组评审专家、学校首届学术委员会学术委员，多次获得杭州市社会科学界联合会先进工作者和学校优秀共产党员、先进教育工作者称号。

王 赟

男，1985 年 7 月生。浙江杭州临安人。中共党员，2008 年 7 月进入杭州汽轮机股份有限公司工作 11 年，2019 年 7 月担任杭州职业技术学院专业教师。主要负责学院的数控铣/加工中心实训、数控车实训、自动编程加工实训及学生相关技能比赛等事宜。曾获得浙江省首席技师、浙江省职业技能大赛省级一类大赛——加工中心操作工第一名、杭州市高层次 C 类人才、浙江省五一劳动奖章、浙江省技术能手、浙江省金蓝领、浙江省青年岗位能手、

西湖鲁班等荣誉，2016 年被评为杭州市工业系统职业技能带头人，2018年被选为浙江省总工会第十五届委员会委员。

凭借自身的努力，在全国和省级数控技能大赛上取得过不错的成绩，有着丰富的加工经验。成立了以王赟命名的浙江省王赟技能大师工作室，培养出了多名优秀学生、教师和企业骨干等。在各级数控大赛上带领企业员工、学生参加技能大赛，徒弟陈君峰在 2015 年杭州市数控大赛车工比

赛中获得第一名，在 2016 年浙江省数控大赛车工比赛中获得第一名，并获得浙江省首席技师，获得杭州市高层次 C 类人才等荣誉；2018 年，徒弟陈贵军在杭州市职工职业数控铣比赛中获得第一名，在浙江省职工职业技能大赛加工中心比赛中获得第三名。

2019 年指导学生参加西子奥林匹克技能竞赛，获得了数控项目第一名 1 项、二等奖 2 项、三等奖多项。2020 年 8 月指导学生参加"振兴杯"机床装调维修工项目，获杭州市二等奖 1 项、三等奖 1 项，均顺利取得省赛资格。2021 年 4 月指导学生参加浙江省高职院校技能大赛"复杂部件数控多轴联动加工"项目，获三等奖，取得了分院学生参赛的历史性突破。

擅长复杂零件的数控加工，以及自动编程和夹具的设计，在浙江省王赟技能大师工作室三年建设期中，工作室验收考核优秀，排名第一。在工作室的指导下，学生参加技能竞赛，多次获得国家级、省级、市级的竞赛奖项；专业青年教师成长迅速，专业能力提升显著，团队其他老师参加教师组技能竞赛多次获奖，并被授予"浙江省技术能手"称号。

为激发同学们的学习动力，专门组织了 Mastercam 学习兴趣小组，并带领学生参与分院清廉文化建设月主题活动，让学生在自己动手创作的过程中，增强获得感、荣誉感和学习兴趣，从实践中真正体会到劳模精神、劳动精神和工匠精神。

探索培养更多的高素质技术技能人才、能工巧匠和大国工匠的道路，造就一支有理想守信念、懂技术会创新、敢担当讲奉献的技能人才队伍。

在科研方面，授权实用新型发明专利 14 项；申请国内发明专利 3 项；参与校企合作横向课题 6 项，本人主持 3 项，科技成果转化 1 项。

王志强

男，1973 年 10 月生。江西省吉水县人。博士研究生，思想政治教育专业，教授。

2004 年硕士研究生毕业，执教于宁波广播电视大学；2008—2012 年在职攻读博士研究生；2012 年晋升副教授；2015 年晋升副处长；2017 年晋升教授，2018 年在中国海洋大学做高级访问学者；2020 年任教于杭州职业技术学院。曾兼任浙江省科学社会主义学会理事、宁波市社科联理事、宁波广播电视大学社科联秘书长等。

主要从事思想政治教育教学与研究工作，研究方向为传统文化与思想政治教育。代表性研究著作有《当代中国家庭道德教育研究》（浙江大学出版社）、《学术、学派与文化传承：文化传播视野中的宁波古代书院研究》（宁波出版社）、《深化宁波学习型城市建设》（浙江大学出版社）。代表性论文有《文化软实力的结构要素、作用图式及其中国取向》（CSSCI）、《"三维四要素"——论社会主义核心机制体系大众化机制的构建》（CSSCI）、《公民政治参与空间的转换与协商民主》（CSSCI）、《社会动员与农村制度变迁》（CSSCI）《政府自利性假说与现实研究：从"经济人"假设出发》（CSSCI）。代表性课题有"新生代农民工价值观变迁研究"（浙江省哲社课题）、"新时代工匠精神融入高职院校学生思政工作的路径与实现机制"（浙江省哲社课题）、"略论社会主义核心价值体系'三维四要素'大众化机制的构建"（浙江省社科联课题）、"城乡一体化背景下社区教育公共服务均等化制度创新研究"（浙江省教育规划课题）。

　　坚持理论为实践服务的学术宗旨，勇做党的思政教育和形势政策的宣传者，为"宁波文化百科大讲堂""宁波社科大讲堂"做讲座超过 50 场。积极参与地方立法，是《宁波市终身教育促进条例》主要起草者。获得宁波市"哲学社会科学青年学科带头人""宁波市高校中青年骨干教师"，中国成人教育协会"中青年学术新秀"等荣誉称号。获得宁波市教学成果奖一等奖、国家开放大学科研贡献奖、第十一届全国成人继续教育优秀科研成果一等奖等奖励。

温　颖

女，1968年10月生。广东梅县人。大学本科，软件工程硕士，教授。

1990年毕业于浙江大学，1990—2007年先后在浙江省外经贸厅计算中心、浙江金茂展望信息工程有限公司、杭州展望科技有限公司从事30余个软件系统的开发及项目管理工作（高级工程师），2007年至今，在杭州职业技术学院从事高职教学理论的研究和软件技术专业的教学工作。

主要研究方向：Java Web开发技术、软件项目管理技术、高职教学理论。

代表性研究成果：（1）教材：《Java Web动态网站技术》。（2）主

持课题：浙江省科技厅重大科技攻关项目"面向公众的动态交通信息服务平台建设与示范"；浙江省教育科学规划课题"精品课程网站建站及管理平台的构建"；浙江省可视媒体智能处理技术研究重点实验室课题"平台无关的交互式移动图形生成技术研究"；浙江省教育厅访问学者专业发展项目"面向移动终端的交互式三维图形绘制框架研究"；中国职教学会科研规划项目"高职计算机专业项目化课程资源整合的研究和实践"；市级精品课程"JSP 开发技术"；横向课题"浙江省外经贸厅邀请外国人来华审批管理系统""IT 精英人才网网站建设""浙江省商务厅外国经贸人员来华审批管理系统开发、升级改造及维护"等。（3）论文：The Semi-supervised Immune Classifier Generation Algorithm Based on Data Clustering；《视觉优化的移动三维图形自适应重构技术研究》《高职软件专业学生职业素养量化评价》《基于元搜索的结果融合模型的改进与实现》《基于 Lucene 的智能地图搜索引擎的设计与实现》《城市移动智能停车系统策划方案》。（4）软件著作权：干部人事档案管理系统软件 V1.0，通用网站建站系统软件 V1.0，通用考核评分系统 V1.0，基于移动平台的三维漫游系统 V1.0。

获奖项目及荣誉：浙江省第十一届大学生多媒体作品设计竞赛一等奖（2012），浙江省首届大学生服务外包创新应用大赛二等奖（2012），浙江省高职高专职业技能大赛移动互联网应用软件开发三等奖（2014），"甲骨文杯"全国 Java 程序设计大赛 B 组二等奖（2015），浙江省第十八届大学生程序设计竞赛三等奖（2021），杭州市教育局系统优秀教师（2011）。

吴晓苏

　　男，1963年12月生。浙江淳安人。教授，1986年浙江杭州机械工业学校毕业留校任教，2002年开始从事数控机床装调维修、数控加工教学。先后毕业于浙江工学院、浙江工业大学、高等教育自学考试本科及研究生班。担任杭州职业技术学院数控技术专业负责人18年，引领专业建设成为"教育部全国职业院校装备制造类示范专业点"。学校第一届、第二届学术委员会成员，兼任中国技能大赛裁判、浙江省职业技能大赛裁判长、浙江省职业技能鉴定专家委员会委员。先后获第四届全国高等学校自制实验教学仪器设备三等奖、浙江省高校科研成果二等奖、第三届全国黄炎培职业教育杰出教师奖、浙江省高校优秀教师、浙江省高校优秀共产党员、

浙江省技能大师网络工作室、杭州市高技能人才（劳模）创新工作室、杭州市模范集体（主持）等荣誉称号。2016 年与中国计量大学合作办学机械设计制造及其自动化（数控技术）职业本科。

主要研究方向：DCS 工业现场控制、数控机床的装配调试维修、数控机床与机械手的物联集成、机器视觉检测。

代表性研究成果：（1）著作：《FANUC 数控机床 PMC 梯形图设计方法研究》、《数控机床装调维修入门》、《数控原理与系统》（浙江省重点建设教材）、《数控机床结构与装调工艺》（浙江省重点建设教材）、《数控机床 PMC 程序编制与调试》、《数控编程与机床操作》、《机电一体化技术与系统》、《单片机原理与接口技术》。（2）主持及主要参与课题：浙江省高等教育教学改革研究课题"基于岗位需求的数控专业学生能力培养"；浙江省精品课程"数控编程与机床操作"；浙江省基金项目"嵌入式 UPnP 工业监控网络负荷分配机理与自适应服务方法"；浙江省人力资源和社会保障厅课题"大企业技能型人才培养策略研究"；企业横向课题"基于机器视觉的产品缺陷检测系统设计""视觉缺陷检测技术嵌入自动化产线设计""一种数控机床刀库选刀视觉测试平台开发""基于 PMC 的刀片焊接机全自动产线研发""四工位全自动焊接机控制系统开发"。（3）专利与论文：一种数控自动化铝合金割管机（发明）；一种测量主轴径向跳动的装置（发明）；用于检测和维修圆盘式刀库的工作台（发明）；Based on the Experimentation Mathematical Modeling and Autoregulation Realization for Gas–collector Pressure of Coke Furnace；Studies of Build Mathematics Model of Spatial Point and Plan Linear Programming of Radiotherapentic Dosage；《煤焦油蒸馏自动控制系统的研究》《煤沥青最佳热处理工艺条件的研究》《焦炉集气管压力工业过程控制的研究》《基于神经网络的头孢菌素发酵控制系统研究》。

教学理念：坚持与主导行业的主流企业合作实现专业定位，有效进行专业建设与课程开发，使用"导生制"教学、"实训设备"自制开发、"分层次"培养等教学方法落地职业教育。学生毕业设计的课题必须来自企业的实践，与教师共同进行社会服务，把毕业设计课题立项在企业车间里、生产线上。

吴弋旻

女，汉，1965年8月生。湖北黄冈人。教授，1987年毕业于浙江大学信息与电子工程学院电子物理技术专业。先后在南京电子管厂、东方通信股份有限公司、浙江大华技术有限公司等单位，从事通信、安防等产品中试、产业化、生产、采购、质量控制等技术及管理工作。

2007年调入杭州职业技术学院从事专业教学、科研等工作，曾担任电子信息工程技术、应用电子技术专业负责人。

主要研究方向：电子科学与技术、电子产品制造、集成电路制造。

社会任职：任中国半导体行业协会集成电路分会专家委员，全国高等院校计算机基础教育研究会高职电子信息专业委员会委员。曾担任浙江省高职高专教育专业教学指导委员会电子信息类委员，教育部高等学校高职高专电子信息类专业教学指导委员会《电子信息工程技术》专业改革方案和课程建设项目组长；杭州市重点建设专业应用电子技术专业带头人；浙江省仪器仪表学会会员；杭州市公共实训基地、福州市职业教育公共实训基地建设专家组成员。多次担任全国职业院校技能大赛高职组、中职组裁判、仲裁、监督等工作；担任浙江省大学生电子设计大赛专家成员；国家职业技能鉴定电子产品检验员、电子仪器仪表装配工的考评员；国际劳工、青年联合会 KAB 创业教育项目讲师。获得工业和信息化教育与考试中心颁发的"硬件维修工程师（手机）"证书；"SMT 初级技师"证书；中国半导体行业协会 IC 分会，江苏省半导体行业协会颁发的"CPCG"证书。参加社会服务工作，在企业兼职，先后担任多家企业技术、管理顾问，为企业提供技术服务、管理、培训。

主要成果：主持浙江省科技厅、浙江省社会科学界联合会、浙江省教育科学规划研究院、浙江省教育厅、浙江省高等教育学会、杭州市社会科学界联合会研究会、杭州市科学技术委员会等省、市厅级科研项目 10 余项，参与省、市厅级科研项目 10 余项；主持教育部高等学校高职高专电子信息类专业教学指导委员会、浙江省教育厅、杭州市教育局教改项目 3 项；主持杭州市教育局杭州市精品课程 1 项；主持应用电子技术专业国家级教学资源库子项目 1 项；在中文核心期刊及正式刊物发表学术论文 10 余篇，EI 收录论文 2 篇；出版浙江省级重点教材 3 本，国家级"十三五"规划教材 1 本，其他教材 1 本；申请实用新型专利 2 项，软件著作权 9 项；主持横向课题 4 项。组建了杭州职业技术学院电子技术应用研究所、名师工作室、物联网技术研发平台。

学生培养成效：指导学生获得全国职业院校技能大赛"英特尔"杯芯片级检测维修与信息服务赛项技能比赛一等奖，浙江省首届高职高专院校"挑战杯"创新创业竞赛一等奖，全国信息技术应用水平大赛电子系统设计团体赛一等奖；以及浙江省高等学校学生职业技能大赛暨全国职业院校技能大赛选拔赛、浙江省大学生电子设计竞赛二等奖、三等奖等奖项 7 项；浙江省大学生科技创新活动计划暨新苗人才计划 5 项。

获得荣誉及奖项：参与"基于 PC 机的无线人机接口交互技术的实践研究"项目研究，荣获浙江省高等学校科研成果三等奖。组织专业学生参加大学生科技竞赛，荣获浙江省大学生科技竞赛委员会颁发的优秀组织奖。获得全国电子专业人才设计与技能大赛浙江赛区优秀指导教师；杭州职业技术学院名专业带头人、教学名师、优秀教师，信息工程学院校企合作先进个人、工学结合先进个人。

谢 川

　　男，1965 年 11 月生。安徽繁昌人。教授，1986 年杭州机械工业学校电气自动化专业毕业，1993 年浙江大学工业电气自动化专业毕业，2006年大连理工大学研究生院毕业，软件工程硕士，思科 CCNP。

　　工作经历：

　　1986 年参加工作至今，先后担任杭州机械工业学校［杭州机械职工大学、杭州职工大学二校区、杭州职业技术学院（筹）］工业自动化教研室科秘书、计算机教研室主任、教务处副处长、电气工程学科委主任（兼计

算机教研室主任）、杭州职业技术学院现代教育技术中心负责人、现代教育信息技术部主任、图书信息中心主任，金都管理学院院长、继续教育学院书记、产学合作处处长、信息工程学院书记。

参加工作至今，承担学校计算机专业课程教学、实验实训和毕业设计指导。先后主讲 BASIC、FOXBASE、FORTRAN、PASCAL、C、JAVA、SQL、计算机组成原理、单片机原理及应用、数据库系统、电工原理、数字电路、模拟电路、微型计算机多媒体技术和网络安全脚本语言等 32 门课程；指导 26 届学生毕业设计与毕业实习。

先后主持电子商务（省级特色专业）、工业企业电气自动化、计算机应用等专业建设，参与机电一体化、数控技术、物业管理、旅游酒店管理、会计等专业建设和管理；主持学校现代教育技术中心、信息技术部（计算机实训、校园网络）和图书馆筹建；主持学校温州、乐清、瑞安、苍南、兰溪、诸暨等成人大专教学点筹建与管理；主持杭州经济技术开发区产学研发展学院的筹建和管理。

学术任职和成果：

中国计算机学会教育委员会委员；中国计算机基础教育学会会员；中国计算机学会教育委员会中专学组浙江省分委会秘书长；中国图书馆学会高职分会资源委员会委员；浙江省计算机学会网络技术委员会委员；浙江省教育厅高校智慧校园评价体系专家组成员；浙江省高校教育技术学会理事；高等教育出版社、机械工业出版社、科学出版社等计算机专业教材编写委员会委员；教育部信息化示范校、浙江省数字校园示范校建设验收专家组组长；浙江省和杭州市政府采购评审专家。

先后主持省市教改、科研项目近 20 项。在《模式识别与人工智能》《计算机应用》《计算机工程与设计》等中文核心或一级期刊单独或排名第一发表论文 10 余篇，其中 4 篇专业论文被 EI 检索。主编《软件工程》《微型计算机多媒体技术与应用》等专业教材 13 本，其中由科学出版社出版的《微型计算机接口技术》被教育部推荐为"国家规划教材"，由高等教育出版社出版的《Windows 网络操作系统》被劳社部推荐为"全国职业培训与技能鉴定教材"。受聘于上市公司锐捷网络股份有限公司，参与核心路由器交换机高密度线速万兆研发并实现产品转化。受聘于上市公司浙江中程兴达科技有限公司，参与车辆调配系统管理等软件开发，获软件著作权，并实现产品转化。受聘于全国职业院校技能大赛担任赛项仲裁长，获评优秀工作者。受聘于大连理工大学研究生院任大理理工大学校友理事会杭州分会理事长。多次获中国教科网浙江省主节点高校信息化建设先进个人、学校优秀教师、优秀共产党员、优秀教育工作者称号。

谢建武

女，1967 年 6 月生。宁夏银川人。1989 年毕业于无锡轻工业学院，分配到杭州牙膏厂，任高级工程师；2000 年调入杭州职业技术学院。教授。浙江大学化学工程硕士。担任教育部高职高专轻化类专业教学指导委员会日化专业分委员会委员；教育部高职高专精细化工专业教学指导委员会委员；全国化工行业职业技能鉴定技术委员会化工工艺专业技术委员会委员；全国网络平台课程网评专家；浙江省生化医药大类高等职业教育教学指导委员会委员；全国轻工职业教育化工类专业教师教学竞赛委员会专家评委；

浙江省质量技术监督局标准化技术委员会委员；杭州市《绿色化工生产及技术转化重点实验室》常务副主任；杭州市化妆品协会副秘书长；浙江省技工院校教师正高级专业技术资格评审委员会评委；杭州菲丝凯化妆品有限公司研究所所长。

从事精细化工专业教学和建设，担任专业负责人期间，带领团队经过10年的专业建设，精细化学品生产技术专业立项为国家骨干建设专业、省示范建设专业、省优势专业、省特色专业，并申报建设杭州市绿色化工生产及技术转化重点实验室。以学校的荣誉为重，勤勤恳恳，不计个人得失。学术能力强，在行业具有一定的影响力。

主持并申报多项课题：全国教育科学"十五"规划国家重点课题"职业技术教育与中国制造业发展研究项目"；教育部"行业指导职业院校专业改革与实践项目"；"化妆品技术与管理专业（轻化工）企业生产实际教学案例库研究项目"子项目主持；浙江省教育科学规划研究课题"高职'2＋1模式'培养高级工的研究和实践""高职和私营企业校企合作教学样本的研究与实践"；社科联研究课题"工学结合'短期就业订单'培养高技能人才的研究与实践"；"精细化学品复配技术课程建设"国家级教学资源库课程建设负责人；"日化产品生产技术"课程立项为2009年度浙江省精品课程；浙江省教育厅项目"菊花 HS-SPWE-GC/WS 指纹图谱及其系统聚类分析"。负责主持"绿色高性能护肤新材料的研发""龙舌兰舒缓护肤化妆品的研发""产学研合作"等多项横向课题。获得发明及新型实用专利多项。

有一级及 SCI 收录核心期刊论文 10 余篇，其他期刊文章多篇。论文《聚苯乙烯／层状双金属氢氧化物纳米复合材料的制备与表征》（1/3）被 SCI 收录；Methoxycarbonyl Hydrazinium Chloride Monohydrate（1/5）被 SCI 收录；专业建设论文《高职教育的成功在于与企业的密切合作》《高职"2+1"培养模式的实践》刊登在中文核心期刊上。主编的《日化产品生产技术》教材立项为浙江省"十一五"重点建设教材；主编职业技能鉴定培训教材《萃取工》（初、中、高级）由化学工业出版社出版；主编的《典型精细化学品生产与管理》由科学出版社出版；编著的《汽车用精细化学品》由化学工业出版社出版。

获杭州市属高校教师教学优秀奖；获全国化工总控工职业技能大赛优

秀指导教师；"工学结合'短期就业订单'培养高技能人才的研究与实践"获杭州市第五届社科联优秀成果三等奖；"提高顶岗实习有效性的微格式教学探索与实践"获杭州市第一届市属高校优秀教改成果奖三等奖，论文《工学结合"短期就业订单"培养高技能人才的研究与实践》获中国职业技术教育学会职教期刊专业编辑委员会三等奖。

徐高峰

男，1978 年 11 月生。浙江省新昌县人。教授。2001 年毕业于湖南大学金融学（保险）专业，经济学学士，软件工程硕士。2001—2003 年在浙江育英职业技术学院从事教学工作。2003 年后任教于杭州职业技术学院，历任学校信息化办公室和国家骨干高  职院校创建办公室副主任（主持工作）、专业建设指导处（教务处）处长、达利女装学院院长、杭州大江东职教小镇建设管委会办公室主任助理（挂职）等职务。现任学校科研处处长、图书馆馆长，阿克苏职业技术学院党委委员、副院长（援疆）。

研究方向：金融保险、教育信息化、职业教育。

主要业绩：担任国家级职业教育数字校园学习平台专业教学资源库建设项目执行负责人，负责为全国高职服务产业发展重点建设专业项目（1816 个）和国家骨干高职院校建设项目（100 所）提供技术支持和验收数据。获浙江省教学成果奖一等奖，国家级教学成果奖二等奖。主持浙江省教育厅教育教学改革课题"绩效视角下的职业教育专业教学资源库建设与应用研究"（JG20180605）、省人力资源和社会保障科研课题"失地农民养老保险研究"（2017117）、省教育厅教育技术研究规划重点课题"大数据视角下高职专业建设信息化的研究与实践"（JA033）和杭州市哲学社会科学规划课题"基于校企共同体的'企业托管'模式研究"（2018JD13）等市厅级及以上课题12项。发表学术论文 Low Financial Cost with Ant Colony Optimisation in Intelligent Agriculture，Optimise Financial Cost for Smart Agriculture Based on Genetic Algorithm，《绿色金融对股份制商业银行盈利能力影响的实证》《城市化进程中失地农民养老保险问题研究——基于杭州大江东产业集聚区的样本分析》等16篇，被EI收录2篇。撰写专著《职业教育专业教学资源库的建设与实践》（1/1）1本。获发明专利1项、软件著作权2项、实用新型专利3项。

主要荣誉：杭州市C类人才，杭州市政府特殊津贴专家，杭州市"131"第一层次培养人选，杭州市优秀教育工作者，杭州市黄炎培职业教育奖优秀理论研究奖。

徐明仙

女，1967 年 5 月出生。浙江衢州人。1989 年 6 月毕业于浙江工学院（现浙江工业大学）化学工程师资专业，1989 年 7 月至 1993 年 6 月在浙江衢州化学工业公司（现巨化集团）技工学校任教，后于 1993 年 7 月调入杭州职业技术学院（原杭州化工职工大学）至今，2002 年晋升副教授，2013 年晋升教授，主要从事化学、环境工程的研究工作，曾先后于 2003 年至 2006 年、2010 年至 2016 年担任环境监测与治理技术专业负责人。

研究方向：超临界流体技术及应用。

代表性成果：

（一）课题：主持 2011 年度省自然科学基金项目"以超临界 CO_2 一步法合成 DMC 为途径的 CO_2 资源化利用"（Y5110158）；主持并完成了省教育厅科研项目"苯酚在超临界 CO_2 中合成羟基苯甲酸的工艺研究"（Y200805324）（2009—2012）；作为第二承担者承担省自然科学基金项目"超临界水氧化法连续检测水质总有机碳的动力学及碳元素转化机制的研究"（LY12B070047）（2012—2014）。作为第二承担者参加并完成了省自然科学基金项目"催化超临界水氧化降解高浓度有机污染物的研究"

（201051）（2002—2004）和省自然科学基金项目"超临界 CO_2 染色工艺的基础研究"（M203035）（2003—2005）。

（二）论文：发表学术论文 20 余篇，其中被 SCI/EI 收录的 8 篇，A 类以上期刊发表文章 7 篇，其余均为核心期刊。主要有：《超临界 CO_2 中混合分散染料对涤纶织物的染色研究》，[《高校化学工程学报》2012，24（3）]；《碳酸钾催化苯酚在超临界 CO_2 中合成水杨酸的实验研究》，[《高校化学工程学报》，2011，24（3）]；《拟除虫菊酯类农药在超临界流体色谱中的对映体分离》，[《农药》2011，50（7）]；《金属醋酸盐复配催化剂催化超临界 CO_2 一步法合成碳酸二甲酯》，[《高校化学工程学报》，2012，26（2）]；《超临界 CO_2 中苯酚（钠）合成水杨酸反应动力学》，[《化学反应工程与工艺》，2011，27（5）]；Measurement and Correlation of Solubilities of C.I.Disperse Red 73，C.I.Disperse Yellow 119 and Their Mixture in Supercritical Carbon Dioxide，*Fluid Phase Equilibria*，2010，297（1）。

（三）教材：多年来担任"化工单元操作与实训""环境影响评价"课程的教学工作，主持2010年度省高校重点教材《化工单元操作与实训》建设，承担省精品课程"化工单元操作与实训"的建设工作，并主编（第二作者）出版了《化工单元操作与实训》教材。

（四）专著：2000 年参与浙江科技出版社出版的《精细化学品大全——食品和饲料添加剂》编写工作，2004 年参与了化学工业出版社出版的精细化工产品手册《饲料添加剂》和精细化工产品手册《食品添加剂》的编写工作。

（五）指导学生竞赛：在 2009 年 7 月第一届全国高职高专环保类专业环境监测技能大赛中指导学生吴利娜获个人全能二等奖，指导学生张菁获个人全能三等奖，本人被教育部高等学校高职高专教学指导委员会评为优秀指导教师；2009 年 12 月在浙江省第二届高职高专院校"挑战杯"创新创业竞赛中指导学生吴芸、陆露获三等奖；2012 年 5 月在浙江省高职高专院校学生水环境监测与治理技术技能大赛中指导学生叶霞获个人三等奖。

个人荣誉：2012 年获杭州市优秀教师荣誉，2012 年获得杭州职业技术学院优秀教师荣誉，2009 年获第一届全国高职高专环保类专业环境监测技能大赛优秀指导教师荣誉。

徐时清

男，1975年5月生。四川绵阳人。2005年3月博士毕业于中国科学院上海光学精密机械研究所，同年任教于中国计量学院（中国计量大学）。2007年9月浙江大学在职博士后出站。在中国计量大学工作时先后任信息工程学院副院长，材料科学与工程学院副院长、院长、校科技处处长、人文社科处处长，担任博士生导师。2020年8月至今，任杭州职业技术学院校长、党委副书记。

主要从事稀土光电材料与器件研究，兼任国家国际科技合作基地主任，国家地方联合工程实验室主任，浙江省重点实验室主任，浙江省工程实验室主任。担任中国职业教育学会常务理事，中国稀土学会常务理事，中国稀土学会光电材料与器件专业委员会主任，浙江省材料研究学会副理事长，浙江省高校高水平创新团队负责人等。

先后入选国家"万人计划"科技创新领军人才、享受国务院政府特殊津贴专家、教育部新世纪优秀人才、浙江省"万人计划"科技创新领军人才、浙江省新世纪"151"人才工程第一层次并获重点资助、浙江省有突出贡献中青年专家、浙江省高校创新领军人才、杭州市B类高层次人才，获浙江杰出青年、浙江省师德先进个人、浙江省首届双十佳青年优秀教师等荣誉。

主持承担完成国家重点研发计划项目和国家自然科学基金重点等科研

项目 20 余项，获浙江省技术发明奖一等奖 1 项（排名第 1），教育部高等学校科学研究优秀成果奖二等奖 1 项，浙江省科学技术奖二等奖 3 项，浙江省教学成果奖二等奖 1 项，参与获浙江省教学成果奖特等奖 1 项；以第一作者（含通讯作者）发表高质量学术论文 100 余篇；获中国、美国等发明专利授权 50 余件，制修订国家标准 3 项。

徐振宇

男，1977年2月生。浙江
兰溪人。2000年本科毕业于
浙江大学机械工程及自动化专
业，获工学学士学位（校优秀
毕业生）。2000年7月起在
上海航天局八〇〇所工作，从
事战术导弹设计与制造工作。
2002年离职，同年9月以专业
综合排名第一的成绩进入浙江
大学机械系机械设计及理论专
业攻读研究生，2005年获工
学硕士学位（校优秀毕业研究
生）。2005年4月以来先后执
教于温州职业技术学院、金华
职业技术学院，长期担任机制、
模具教研室（专业）主任一职，
2021年9月后执教杭州职业技
术学院，现任教务处（专业建

设指导处）副处长，兼任特种设备学院机械设计与制造专业主任，教授。
在高职院校工作期间，先后在德国KWB教育机构、中国台湾地区高雄应
用科技大学、新西兰怀卡托理工学院学习或访学。

业务专长：机械类专业课教学、竞赛指导；现代职业教育研究，机械
优化设计及先进材料成型技术研究。

学术任职：全国模具行业职业教育委员会聘任专家，浙江省高职教育

研究所兼职研究员，浙江省机械工程学会理事。

标志性成果：（1）主编教材："十二五"规划教材《机械设计基础》、浙江省"十三五"新形态教材《机械工程项目综合训练》；（2）主持科研项目：省级研发项目有"聚合物-金属直接成型制品粘接强度的研究""多功能预热液压弯管机研发""1-YDQ-0000电动车高效倒置减震器研发""电锤全自动工况试验机研发""角磨全自动工况试验机研发""电镐全自动工况试验机研发"，浙江省首台（套）装备圆锯机；市级工业类重点研发项目"高精度重切型四面刨方料成形机床研发及应用""高精密智适应优选多片圆锯机的研发"；（3）主持省教改项目"机械制造与自动化专业学生工程项目综合训练课程开发与实践""行业新标准引领与岗位人才需求导向的高职模具专业课程开发与应用"；（4）发表论文《表面形态对铝合金表面注射结合性能的影响》（EI）、Effects of Surface Microstructure and Molding Parameters on Injection Bonding Strength of Polyphenylene Sulphide-aluminum Alloy（SCI）等、Analysis of the Thinning Mechanism of an Aluminum Alloy in Friction Stir Welding Based on the Indirect Extrusion-vortex Flow Filling Model（SCI）、《6082铝合金热变形过程中的动态再结晶行为》（EI）、《热流道注塑中大尺寸细长薄壁塑件成型周期及翘曲变形控制研究》、Research on Kinematics and Attitude Control Model of a Surgical Interventional Catheter（SCI）、Improving the Strength of Injection Molded Aluminum/ Polyphenylene Sulfide Lap Joints Dependence on Surface Microstructure and Composition（SCI）；（5）授权发明专利："一种甘蔗去皮机""快换式虎钳""双向锁紧快速拆装脚手架扣件""一种充电助行器""一种可调节轴承""一种浇注系统去除装置及使用方法""快速柔性接头""一种快速降温杯""一种兼具降温功能的保温杯""一种椰子剥棕机""一种强力夹头""一种零件自动发黑装置及使用方法""一种助钉器""一种裁纸刀及使用方法（任意正多边形裁剪）""全自动汽车遮阳篷""一种可调节切片厚度的刀具"。

获得奖项：（1）机械行职委教学成果二等奖（2017）、浙江省教学成果一等奖（2017）、国家教学成果二等奖（2018）、中国电动工具设计大赛银奖（2018）、三等奖（2020）、金华市工业设计大赛一等奖（2017）、金华市直机关优秀党员（2018）；（2）指导学生竞赛获奖：全国大学生机械创新设计竞赛二等奖（2012），多次获得全国高职高专发明杯一、二等奖，浙江省大学生机械设计竞赛一、二等奖，浙江省工业设计竞赛一、二等奖（2017、2016），浙江省大学生职业规划大赛二等奖（2017）。

先进事迹：（1）全心育人，打造职教金字招牌。在金华职业技术学院担任机制专业主任期间，积极深化机制专业教学改革，包括组建工程创新班、推行导师制和现代学徒制，强化学生工程实践能力培养，组织教学团队开发了一批综合性工程实践类课程，并带头担任工程创新班班主任及项目导师。自2013年以来获得机械制造专业各级工程创新班省级以上各类竞赛奖项200余项，其中国家级奖项100余项，获授权专利数超过200件，这两项指标均列全校第一。工程班升学率也位居全校前列，其中史佳杰同学成为全校第一个考取浙江大学全日制研究生的毕业生。

（2）扎根行业，为企业发展添砖加瓦。作为金华市"机器换人"专家指导组专家、金华市"百博入企"专家，利用课余时间扎根企业，积极参与企业技术服务。10多年来先后为企业解决技术难题数10个，参与产品开发20余款，申请专利30余件，立项省级新产品项目10余项，挂牌省级研发中心1个，为企业申请市工业重点研发项目2项，省级新产品项目10余项。积极参加"百博入企"工程，为企业发展提供技术支撑，2018年和2020年被金华市人才办和金华市科技局评为"百博入企"优秀人员。

许普乐

男，1980年6月生。安徽芜湖人。教授，硕士生导师，2002年毕业于安徽师范大学教育技术学专业，学士学位；2012年毕业于合肥工业大学计算机技术领域工程专业，硕士学位。2002年入职芜湖职业技术学院，2018年11月担任该校网络工程学院教授，2021年6月调入杭州职业技术学院。

学术任职：曾担任全国高校大数据教育联盟委员会委员、安徽省第二届职业院校信息化教学指导专家组秘书长、浙江省信息化促进会教育专委会副主任专家委员、安徽师范大学教育技术学专业建设特邀顾问和兼职硕

士生导师。

多年来一直从事职业院校信息化教学、计算机技术等方面研究工作，已在《计算机科学》《轻工学报》《计算机技术与发展》等国内相关核心刊物发表论文13篇，获各类专利10余项；曾主持省级高校自然科学研究重点项目1项（"基于社会主体的移动电子商务社区信任模型研究与应用"）、省级高校优秀青年人才支持计划项目（青年基金）1项、芜湖市重点研发科技项目1项（"基于嵌入式系统的消费级多轴运动控制器及其激光应用"），国家级教学资源库子课题2项；多次参与教育部人文社科项目、省级自然科学基金项目、省级高校自然科学基金重点项目、"高等职业教育创新发展行动计划——（2015—2018年）"项目等研究工作；主持和参与多项省、部级教学改革研究项目，参与国家级精品资源共享课程项目2项。

获国家教学成果奖2项："市属高职院校构建'点线面体'人才培养新机制的探索与实践"（2014）、"五位一体、分层递进——职业院校信息化教学改革发展模式的探索与实践"（2018），获省级教学成果奖特等奖2项："抱团发展，革故鼎新，安徽省高职院校教学信息化改革与实践"（2018）、"'一课一主题、一赛一团队、一师一标尺'：高职院校教师教学能力培养提升的理论与实践"（2019），获省级教学成果奖一等奖1项："'大赛＋培训＋平台'推进高职院校教育信息化发展"（2015），获省级教学成果奖二等奖2项："'区块联动、聚力发展'职业院校教师教学提升之安徽模式"（2019）、"基于信息化平台、以学生为本的人才培养质量保障体系建设"（2012），获省级教学成果奖三等奖2项："高职电子信息类专业创新人才培养模式的研究与实践"（2012）、"基于移动网络平台的校企合作型信息化教学"（2015）。获全国职业院校信息化教学大赛三等奖1项、省级职业院校信息化教学大赛一等奖1项；指导学生获省级职业院校技能大赛一等奖1项（职业院校技能大赛高职"嵌入式产品开发"项目）、二等奖1项（职业院校技能大赛高职"网页设计"项目），指导学生获全国信息技术应用水平大赛一等奖1项、三等奖1项。

2013年至今，深入省内外各个中高职院校，开展各类教学能力比赛、信息化教学大赛、微课比赛等讲座200余场，为省内外40多所高职院校10余个省份地区中高职院校开展教学能力提升培训工作。多次组织参赛教师与黑龙江、四川、山东、深圳、浙江等省市院校，以汇报、指导、座谈的形式开展交流。2017年获川皖两地信息化教学精英省际交流赛"金牌导师"称号。连续7年策划和组织安徽省高职院校教学能力大赛、信息化教学大赛，牵头组建安徽省职业院校信息化教学指导专家组。系统梳理了安徽省职业院校教师教学能力提升工作遇到的一系列问题，提出了"以宣传为起点、以机制为支撑、以方法为驱动、以队伍为保障、以转化为目的"的教育信息化发展模式。该模式系列研究成果已获得国家教学成果奖二等奖、省教学成果特等奖。2017年11月，受新华网采访并以《高职院校信息化教学改革方兴未艾 变革求进任重道远》为题，对省信息化教学发展的特点和成效进行全国范围的推广，引起了职业教育领域的广泛关注。在推广过程中不断总结经验、修改完善、反复实践，报送的案例"革故鼎新，以大赛为平台助推职业院校教育教学改革"在全国高职高专校长联席会议2017年会"特色、协调、共舞"成果展中被评为"优秀案例"，《中国职业技术教育》2018年第2期予以展示。2017年，参与出版国内首本教师备赛信息化培训教材《革故鼎新——职业院校信息化教学能力提升指南》（西安交通大学出版社），深入系统地介绍了职业院校信息化教学领域的方法、手段、规则和细节等，成为省内外教师的重要备赛资料。

许淑燕

女，教授，1964年2月生。1986年7月毕业于浙江丝绸工学院，获学士学位。历任杭州丝绸职工大学教务副科长、科长，杭州丝绸职工大学四校区主任，杭州职业技术学院艺术系主任兼服装设计专业负责人，杭州职业技术学院达利女装学院常务副院长、院长，杭州职业技术学院副校长，杭州科技职业技术学院校长等职。

专注于高职教育教学研究，是杭州职业技术学院达利女装学院的创始人，主持了著名的"敲墙"运动，将理论教室与实训教室打通，使理论教学与实训教学有机融为一体，创新了高职教学的新思路、新方法，形成了

具有杭职特色的"教、学、做"一体化教学模式。完成了"基于杭州女装生产技术人才培养的'达利模式'研究与实践""依托杭州服装技术创新服务中心探索人才培养模式""杭州职业技术学院服装设计专业校企协作培养'双师型'职教师资运行机制研究""高职服装设计专业工学结合教学模式的研究"等高职研究课题。

出版了浙江省重点建设教材《服装材料及其应用》。在学术上专攻新型纤维的制备研究，在纺织专业一级核心期刊上发表了《氧化锌纳米纤维的制备及其光催化性能的研究》等多篇学术论文，完成了《PTFE超细纤维多孔膜过滤材料制备技术的开发》等多项学术研究课题。

杨 安

女，1973年2月生。江西上饶人。出身于教师家庭，曾祖父是牺牲于解放战争的烈士，汉族，大学本科学历，工程硕士学位。现为杭州职业技术学院友嘉智能制造学院教师，教授职称，高级技师，高级考评员。浙江省模具行业协会技术委员会委员、浙江省模具行业协会团体标准专家工作委员会委员。

1990年9月考入南昌大学锻压工艺与设备专业学习，1994年5月加入中国共产党，在校期间积极参加体育锻炼，系篮球队、排球队主力队员。

1994年7月毕业后分配至江西机械工业学校（现为江西机电职业技术学院）从事模具设计与制造专业教学与科研工作，其间工作努力、勤奋好学，关心学生。2000年11月评为讲师职称。

2003年11月人才引进至江西旅游商贸学院机电工程系，任模具教研室主任，模具专业带头人。江西省模具协会理事。担任模具教研室主任工作期间，科学完善模具设计与制造专业人才培养课程体系，科学合理制定课程体系中各专业基础课程及专业课程的培养目标及课程主要内容。因工作踏实肯干，专业建设成果显著，每年均被评为校级优秀教师、先进工作者。2005年11月评为副教授职称。2006年6月至同年11月经学校推荐由教育部选派赴德国完成中德职教师资进修。2005年9月至2008年1月完成南昌大学材料加工工程硕士学习，获工程硕士学位。

2007年5月人才引进到杭州职业技术学院友嘉机电学院担任模具专业

骨干教师。2010 年 9 月至 2011 年 6 月完成浙江大学访问学者进修。2013 年入选杭州市"131"中青年人才培养项目第二层次，2018 年通过验收。

在教学上精益求精，教学业绩优秀。从教 28 年，热爱本职工作，热爱教育事业。教学中注重因材施教，善于收集最新的案例和专业信息并融入课堂，注重在课堂教学活动中培养学生良好的职业素养。所带班级获得省级、市级、校级荣誉多次；所指导学生多次在大学生工程训练综合能力大赛和大学生技能大赛中获奖。

长期从事机械设计与制造专业教学研究，主持浙江省科技厅项目 2 项、杭州市科技局项目 1 项、教育厅课题 2 项，参与完成各级纵向研究项目多项，主持完成横向技术开发课题 4 项。以第一作者身份公开发表一级期刊论文 2 篇、核心期刊以上论文 20 余篇，主编教材 2 本，副主编"十二五"规划教材 2 本，"十三五"职业教育国家规划教材 1 本。以第一发明人身份申请获授权发明专利 3 项。参与制造"模具设计师" 2 种国家职业标准，开发某 2 种职业技能鉴定国家题库。多次圆满完成技能大赛裁判工作。被多家模具制造企业聘为技术顾问。

杨 娟

女，1969 年 5 月生。江苏宜兴人。教授，管理学硕士，注册会计师，杭州市 D 类人才，杭州市"十四五"哲学社会科学学科专家组专家。

1990 年参加工作，先后毕业于江苏理工学院、江苏大学、苏州大学。曾执教于江苏宜兴立信会计学校、江南大学宜兴校区，2005 年调至杭州职业技术学院任教至今，其间于 2012—2013 年在北京大学光华管理学院做访问学者，获访学科研成果奖。

事业心强，热爱教育工作，兢兢业业，教书育人，始终坚守在教学岗位第一线。主要承担"企业会计核算""企业会计仿真做账实训""管理会计"等课程的教学任务，每年教学工作量均达上限，教学考核优秀。主持省部级项目 3 项，主持浙江省社科联、杭州市科技局、杭州市哲学社会科学、杭州市社科联等市厅级课题 10 余项，被人大复印报刊资料、《管理学文摘》等全文转载论文 3 篇。在《财会通讯》《财会月刊》《职业技术教育》《技术经济与管理研究》等核心期刊发表论文 10 余篇，科研成果获杭州市哲学社会科学二等奖、杭州市社科联三等奖。主编省重点教材 1 本，主持市级精品课程 1 门，主持省课程思政示范课程 1 门，主持校优质网络课程 1 门。多次被评为校教学名师、校优秀教师。2021 年，指导学生首次参加浙江省职业技能大赛"会计技能"竞赛，获一等奖。

主要从事会计理论与实务的教学研究工作。

代表性课题有："构建中小企业财务预警系统""风险投资支持科技型中小企业自主创新的实证与对策研究""中小企业自主创新的风险投资研究""高职毕业生自主创业的对策研究""知识密集型服务业创新发展对策研究""知识密集型服务业创新模式与机制研究——基于浙江省的实证""杭州科技创新与金融创新耦合的路径与对策研究""杭州市小微企业转型升级的政策支持研究""推动杭州小微企业升级发展为规上企业的财税政策研究"。

代表性论文有：《企业财务预警系统的构建研究》《知识密集型服务业的创新模式与特征》《浙江科技型中小企业自主创新的风险投资研究》《基于智力资本观的企业财务创新》《基于现金流量的中小企业财务预警系统研究》《专业化经营战略与多元化经营战略运作机理的比较》《资产评估结果的会计处理》《资产减值会计处理的比较》《新经济时代全面质量管理的再认识》《杭州发展风险投资的环境探讨》《持有至到期投资的会计处理和纳税调整》《中小企业财务战略探讨》《风险投资退出方式的决策》《可转换公司债券的会计处理方法研究》《高等职业院校教育成本核算研究》《我国企业专业化与多元化经营战略的选择》。

杨　强

女，1970 年 12 月生。重庆市人。民革党员。1992 年 8 月毕业于重庆工商大学，获经济学学士学位。1999 年 3 月毕业于杭州电子科技大学，获工学硕士学位。自 1999 年起，在杭州职业技术学院执教，担任旅游管理专业负责人。兼任浙江省企业管理研究会理事、副秘书长，浙江省民营企业国际合作促进会理事。担任杭州市第九届、第十届、第十一届政协委员，民革杭州市委会委员。

从事高等职业教育旅游专业大类人才培养模式研究，乡村旅游发展战略研究，在高职"三教改革"、职业教育与地方产业互动发展机制研究上有一定的建树。发表在一级、核心期刊的代表性论文有《绿色制造工程与先进制造业基地发展战略选择》（被人大复印报刊资料《工业经济》全文转载）、《基于"生态文明"观的农业旅游产业集群创新模式研究》（《开发研究》）、《村居意象系统与旅游景观资源的保护及利用》（《城市问题》）、《试论"真实情境"教学模式质量的监控体系》（《黑龙江高教研究》）；A Study for the Protection and Utilization of the Huzhou New Rural Tourism Landscape Resources Based on a Rural Residence Image System(RRIS)（被 EI 收录）；Construction of

Driving Force System for Tourism Talents Training Based on Crossover Training and Internet Plus（EI收录）等20余篇。主编国家级规划教材、省级重点教材《旅行社经营与管理》《餐饮服务与管理》等6部。主持省、厅级教科研课题"'真实情境'教学模式质量监控体系的研究和实践"（YB07088浙江省新世纪高等教育教学改革项目）、"'互联网+'旅游人才跨界培养体系构建及实践"（JG2015291浙江省高等教育教学改革项目）等10多项。负责的旅游管理专业被评为浙江省"十三五"特色专业、校级"现代学徒制"试点专业。发表的论文获得杭州市哲学社会科学优秀成果三等奖、杭州市社会科学界联合会优秀成果三等奖等；荣获浙江省教师教学技能大赛三等奖、杭州市属高校教师教学优秀奖、浙江省高等学校微课作品二等奖、首届浙江省"教坛新秀"、杭州市教学名师、杭州市教育系统优秀教师、杭州市教育系统事业家庭兼顾型先进个人、民革杭州市委会优秀党员等荣誉称号。指导学生多次获得浙江省"中华茶艺技能"竞赛团体、个人三等奖。

教授"在线旅行社运营与管理""管理学基础""茶文化艺术""餐饮服务"等课程教学。在教学中，注重调动学生自我学习、同伴互助的积极性，提倡"做中学"的教学模式，采用"分组制""任务引导式"教学，注重将生产任务转化成学习任务，教学考核连续多年为A等。

学以致用，为企业提供技术服务、员工培训等。主持浙江省中小学师资茶艺培训3项、经济技术开发区社区干部茶艺培训2项，企业人员和社区服务茶艺培训10余项，培训人员3000人次；组织教师和学生完成杭州茶陶文化节服务1项、G20峰会期间茶香送清凉市民服务1项；完成多项杭州市社科联组织的科普周市民服务活动；完成池州职业技术学院旅游专业师资培训1项、金华技师学校旅游专业师资培训1项；完成杭州市教育局牵头的职业教育反哺基础教育活动，培训杭州第四中学、新世纪外国语学校、杭州市源清中学等中小学生500余人；连续2届担任西湖区金牌导游大赛评委；连续5届担任纳德大酒店集团餐饮服务技能大赛评委；完成企业交办的横向课题6项。

作为杭州市政协委员，主动服务市民群众，始终保持正确的政治方向，履行好一名委员应尽的职责。履职期间，撰写提案、社情民意20余份，得到了有关部门的充分肯定。撰写的调研报告《加强校内外实训基地建设提升高职生就业竞争力》代表教育界在市政协会议上书面交流，获得三等奖；调研报告《关于培养高技能人才、推进杭州产业结构调整升级的建议》代表教育界在市政协会议上公开交流；调研报告《关于农村留守老人老有所养的建议》代表教育界在市政协会议上公开交流；调研报告《加强城乡职业教育统筹，推进我市城乡一体化发展》被杭州政务《调查研究》收录。

积极从事国际交流与合作，完成杭州市商务局委派的多米尼克国旅游类师资培训项目1项。完成杭州电子科技大学委派的马来西亚交流生"中华茶艺"培训项目1项。推荐旅游管理专业2017级学生何丽莎、戴程程，2019级学生张燕芬到合作企业杭州海梧户外运动策划中心的新加坡总部实习，提升专业技能。

袁江军

　　男，1979年1月生。浙江上虞人。三级教授，硕士，高级工程师。2002年毕业于浙江大学，2002年、2003年在绍兴托普信息技术学院从事电子商务教学，2003—2007年在浙江育英职业技术学院从事电子商务教学（高级工程师），2007—2018年在浙江经济职业技术学院从事电子商务教学与研究（教授），其间就读于浙江工商大学，获得企业管理硕士学位。2018年至今，在杭州职业技术学院从事电子商务教学与研究。

　　主要研究方向：电子商务、数智化社会治理。

代表性研究成果：（1）著作：《高职电子商务专业综合实践指南》《高职电子商务专业教学与核心课程标准》《高职电子商务专业人才培养系统工程》《Intranet（企业内部网）建设基础》《跨境电子商务基础》。（2）主持课题：教育部人文社会科学研究一般项目"全球化战略下中国跨国企业治理有效性研究：网络结构与制度距离视角"；浙江省基础公益研究计划项目"面向大数据环境的物流监管与决策系统研究""面向精细农业的智慧数据管理平台（DMP）研究"；浙江省哲学社科规划课题"中美竞争背景下社交网络舆情极化的防范化解机制研究"；浙江省高校重大人文社科攻关计划项目"中美对抗背景下中外网络舆情共振引发的危机传播应急机制及对策研究"；浙江省高等教育教学改革项目"系统化综合实践项目驱动下的高职电子商务专业建设研究与实践"；教育部职业技术教育中心研究所公益基金课题"中高职衔接电子商务专业教学标准"。（3）论文：Modelling Network Public Opinion Polarization Based on SIR Model Considering Dynamic Network Structure；Modeling and Simulation Analysis of Public Opinion Polarization in a Dynamic Network Environment；An Efficient Framework for Data Aggregation in Smart Agriculture；Efficient Data Management for Urban Logistics Distribution；Fast Decryption Method for Privacy-preserving Data Aggregation protocol；Optimal Path for Mobile Aggregator in Intelligence Agriculture；Energy-saving Privacy-preserving Data Aggregation Protocol with Mobile Sink；《电子商务专业系统综合实践培养模式与协同创新机制》《基于CRP系统的高职高专数字化校园建设初探》。（4）发明专利："一种基于移动聚合者的低能耗隐私保护聚合方法"（ZL201811543245.3）、"一种基于移动聚合者的低能耗隐私保护聚合方法"（ZL201811543245.3）、"一种城市轨道交通物流配送装置"（ZL202110228309.6）。

主持或参与主要教学改革项目：首批国家级职业教育教师教学创新团队、高等职业教育创新发展行动计划电子商务骨干专业建设项目、国家高等职业教育电子商务专业教学资源库建设项目、国家首批骨干高职院校重点专业；浙江省"十三五"省级产学合作协同育人项目、浙江省电子商务四年制高等职业教育人才培养试点专业建设项目、浙江省高校"十三五"优势专业项目、浙江省高职高专特色专业建设项目。

获得奖项及荣誉：（1）奖项：国家级教学成果奖一等奖（2014）、

全国电子商务职业教育教学成果奖特等奖（2014）、浙江省教学成果奖一等奖（2022）；（2）荣誉：浙江省万人计划教学名师（2021）、浙江省级优秀教师（2016）、杭州市 C 类高层次人才（2019）、浙江省高职（高专）专业带头人（2013）。

张　虹

女，1978年2月生。浙江杭州人。设计艺术学硕士，博士在读，教授，工艺美术师。杭州市"131"中青年人才第三层次，杭州市高层次人才D类。

2000年毕业于浙江科技学院，获学士学位。2009年毕业于浙江理工大学，获设计艺术学硕士学位。现任教于杭州职业技术学院达利女装学院，曾任服装设计与工艺（时装零售与管理）专业负责人，现任杭州职业技术学院教授、学术委员会委员、达利女装学院党总支教工第二支部书记、纺织服装数字营销头雁工作室负责人、纺织服装数字

营销传播科研创新团队负责人、"轻云"汉服社指导教师；兼任杭州市哲学社会科学学科组专家、杭州钱塘区智囊团成员、浙江省传播学会会员、全国中文核心期刊编委及审稿专家。

主要研究服饰文化与艺术。代表性专著与教材有《服装商品企划》《服装搭配实务》。代表性论文有发表在CSSCI、核心期刊上的《自媒体时代营销传播创新路径》《理性消费视角下时尚品牌跨界合作研究》《"互联网+"背景下服装品牌IP开发与运营研究》《后流量时代内容营销视域下的时尚品牌传播》《手描友禅染艺术创作特征及其拓展研究》等30多篇，其中2篇论文被权威一级期刊《新华文摘》摘编，被引总数200多次。

主持课题有全国教育信息技术研究专项课题"信息技术环境下高职服装营销职场化教学与信息化融合的实践研究"；浙江省教育技术研究规划课题"基于数字营销时代背景的高职服装营销专业教学改革研究"；浙江省高等学校访问学者专业发展项目"理性消费视角下时尚品牌跨界合作研究"；浙江省中华职业教育科研项目"智媒时代高职服装营销专业创新创业人才培养路径研究"；中国纺织工业联合会职业教育教学改革研究项目"国家职业改革背景下高职服装营销'双创型'人才培养研究与实践"；杭州市哲学社会科学规划课题."基于区块链技术的平台型服饰新零售电商运营研究"等省级、市级及横向课题 20 多项。

获得主要科研成果奖项有杭州市社科第七届学术和咨政年会优秀成果一等奖（2021）；杭州市社科第一届学术年会优秀成果二等奖（2015）；杭州市社科联社会科学优秀成果二等奖 3 项（2012、2014、2016）、三等奖 1 项（2017 年）；中国纺织服装产业研究优秀成果奖优秀奖（2019）。获得主要教学成果奖有中国纺织职业教育教学成果奖三等奖 2 项（2018、2020）；部委级优秀教材三等奖（2021）；浙江省高校微课教学比赛二等奖（2018）。

发明专利、实用新型及外观设计专利授权 6 项。创作和设计的服装作品获第 26 届世界大学生夏季运动会应用创意设计大赛（服装服饰类）三等奖（2010），指导多名学生获得优秀奖、入选奖以及杭州设计新秀 50强（2019）；指导大学生科技创新活动暨新苗人才计划项目（2018）、"互联网＋"大学生创新创业大赛（2020）、"挑战杯"大学生创业计划（2022）。

获得主要荣誉有杭州市第五届黄炎培职业教育杰出教师奖（2019）；杭州市教育系统优秀共产党员（2019）；杭州市教育系统"最强领头雁"季度之星（2020）；校优秀共产党员（2019），校优秀教师 3 项（2013、2018、2019）、校"职业素养教育"优秀教师（2018）、校学生社团优秀指导教师（2019）。

张洪宪

　　男，1965年7月生。浙江温岭人。1988年杭州大学（1998年并入浙江大学）物理系研究生毕业，获理学硕士学位。毕业后分配至杭州化工系统职工大学任教，2008年任杭州职业技术学院教授，2003年至2018年担任学院副院长，曾先后兼任学院学术委员会副主任，学院教学工作委员会副主任，全国机械行业计算机与电子信息类专业教学指导委员会委员，省高校计算机教学研究会常务理事，浙江省特种设备安全与节能协会副理事长等职。

从事大学物理、计算机应用和激光通信技术的教学及研究工作，主要研究方向为无线激光通信。主讲大学物理学、计算机应用基础、电路分析、科学技术概论等课程，教学经验丰富，学生评价良好。在做好教学及管理工作的同时，注重教育教学研究，成效显著，针对高职学生的特点编著出版了《电路基础实践教程》《物理学学习指南》等教材，主持省部级课题"高职教育学分制模式的探索研究"和"适应高教园区教育资源共享开放式教学模式探索与实践"2项，厅局级课题3项，并参与省教育科学规划课题"高职院校专业现代化建设的理论与实践研究"项目。坚持以科研促教学的思想，在做好教学的同时开展科学研究工作，主要从事无线激光通信技术方面的研究，特别是对光纤光栅传感器技术问题有独到、深入的见解。代表性论文有发表在《光子》《光电技术应用》等刊物上的《高阶椭圆厄密—高斯光束的轨道角动量研究》《椭圆厄密—高斯光束的轨道角动量密度分布》《光纤气体传感器系统的设计与研究》《无线激光通信技术及相关问题探讨》《光纤光栅传感器技术及其应用》《激光混沌同步及其在一类保密通信中的应用》《浅析大学物理教学创新》等。代表性教材有《电路基础实践教程》《物理学学习指南》等。同时主持开展了"天荒坪电厂物品条形码信息管理系统"等多项横向课题研究。

在注重教学和科研工作的同时，还长期担任学院行政管理工作。分管学院教学工作期间，由于教学管理规范有序，教学质量稳步提高，得到全院师生的好评，因此，2007年学院顺利通过了教育部的人才培养工作水平评估，在15项评估指标中以14A1B的好成绩获得优秀等级，为学院申报省级示范性高职院校提供了必要条件。在学院创建省级示范性高职院校工作中，担任学院创示范工作常务副组长，通过努力学院于2008年顺利进入省级示范高职院校建设行列，为学院的发展奠定了良好的基础。

获得奖项和荣誉：参与的省级课题"在开放教学模式下实现高教园区资源共享的探索与实践"获"2009年第六届高等教育教学成果奖"国家级二等奖、浙江省一等奖。多次被评为学院优秀共产党员、优秀教育工作者，2002年获杭州市优秀教育工作者荣誉称号。

张惠燕

女，1971 年 11 月生。浙江诸暨人。1996 年浙江科技学院本科毕业，获学士学位后分配至杭州东南化工有限公司工作，于 2002 年调入杭州职业技术学院工作至今。2010 年获浙江工业大学生物化工工程硕士学位，2013 年赴德国海德堡大学访学，目前主要从事生物分离、有机化学、仪器分析等方向的教学和研究工作。

主要研究方向：生物工程。

代表性研究成果：

著作：主持校级精品课程"生化分离技术"，主参省市级精品课程"仪

器分析测试技术"。主编国家骨干高职院校项目重点建设教材《生化分离技术》，副主编编写《仪器分析测试技术》教材，参编《实用有机化学》等教材多本。

主持(参)课题：主持省级课题2项，主参省级课题2项，市厅级课题2项，主持横向课题1项，成果转化项目1项，主持校级科研课题多项，包括："糖尿病视网膜病变中活性脂肪酸的检测及作用研究"（2013年浙江省自然基金项目）、"儿茶素与锌离子对高糖环境中视网膜的保护作用"（2011年浙江省科技厅省级公益性技术应用研究项目）、"公共场所致病微生物快速检测方法研究及应用开发"（浙江天为企业评价咨询有限公司）、"全景式案例讨论教学法在高职〈生化分离技术〉中的应用"（校级教改项目）等课题。

论文：发表高质量学术论文和教改论文10余篇。有 Serum Lipids and other Risk Factors for Diabetic Retinopathy in Chinese Type 2 Diabetic Patients（*J Zhejiang Univ Sci B*）；Epigallocatechin –3–gallate Attenuates Lipopolysaccharide Induced Inflammation in human Retinal Endothelial Cells（*Int J Ophthalmol*）；《表没食子儿茶素没食子酸酯抑制脂多糖诱导人视网膜内皮细胞中调节活化正常 T 细胞表达与分泌趋化因子的表达》；Prediction for Cycloplegic Refractive Error in Chinese School Students: Model Devel opment and Validation（*Transl Vis Sci Technol*）；《SERVQUAL模型在高职课堂教学质量评价中的应用研究》；《高职〈生化分离技术〉课程教改初探》；《〈生化分离技术〉课程教学质量的定量化研究》等。

获得奖项及荣誉：多次指导学生参加国家级和省级技能大赛，取得优秀成绩，个人也多次获优秀指导教师奖：2017年获浙江省高职高专技能大赛团体一等奖和个人单项一等奖；多次参加浙江省高职高专院校工业分析检验技能大赛荣获团体二等奖和三等奖等；2013年获全国职业院校技能大赛工业分析和检验赛团体三等奖；2010年获国家级职业技能竞赛专业裁判员；2008年获全国高职高专生物技能大赛一等奖。

在教学中以提高学生分析问题和解决问题能力为目标，切实落实培养学生的创新思维和创造能力，并且能利用课堂时间创造条件建立实践背景，帮助学生拓宽思路和对理论基础知识的灵活应用，从而使学生们分析解决问题的能力不断提高。在工作中勤勤恳恳任劳任怨，做一行爱一行，教育教学工作毫无懈怠，过程中时时处处从严要求自己。在工作岗位上顾大局，注重团结，任劳任怨，扎实细致，在廉洁建设中始终对自己高标准严要求，率先垂范，自觉加强党性修养，养成良好的以清廉为荣作风。

张守运

　　男，1974 年 12 月 8 日生。山东日照人，正高级工程师、浙江省技术专家库专家、国家高新技术企业评审专家、浙江省职称评审专家库专家、浙江省"151"人才。

　　1996 年毕业于中国纺织大学，一直从事纺织纤维材料的研究开发和管理工作，先后就职于山东莒信涤纶有限公司、浙江恒逸集团、义乌华鼎锦纶股份有限公司、桐昆集团等国有企业和上市公司。2021 年博士毕业，进

入杭州职业技术学院执教，2022 年 7 月入选上海市技术专家库。

研究方向：生物基纤维材料和高性能纤维制备及应用、纤维改性研究、催化剂分子结构构建、金属材料以及纺织纤维油剂制备研究。

自参加工作以来，基于纺织纤维行业发展的需求，一直致力于纺织材料的升级转型研究和高性能纤维的制备研究。先后负责完成碳纤维、超高分子聚乙烯、聚芳酯、聚苯硫醚、生物光素锦纶 6 以及聚酰亚胺长丝等高性能纤维的国家级研究课题 10 余项，主持完成省部级科研课题 20 余项；完成竹炭纤维、生物可降解抗病毒纤维等新产品技术开发 100 余项；获得发明专利授权 30 余项；负责完成重大技改项目 50 余项；发表专业技术论文 60 余篇，其中 SCI 论文 6 篇（第一作者 3 篇，通讯作者 2 篇）；出版《化纤与纺织技术》《纺织材料基础研究》等专著 2 部；作为副主编参与"十三五"高校教材《工程材料与热处理》编写；主持完成企业标准 10 余项，参与团体标准制定 1 项、国家标准 2 项，主持浙江省科学技术成果 10 余项。

其中，"共聚永久抗静电聚酯纤维关键技术与产品研发"课题获得 2011 年度中国纺织工业协会科学技术进步奖三等奖；"熔体直纺保暖导湿超细三异复合纤维科研"课题获得 2008 年度中国纺织工业协会科学技术进步奖三等奖；论文《高磷含量细旦多孔阻燃涤纶长丝生产工艺探讨》获得由纺织行业生产力促进中心和北京纺织工程学会组织的"绿典杯"第 8 届功能性纺织品及纳米技术应用研讨会论文奖三等奖；论文《竹炭改性细旦涤纶长丝生产工艺的探讨》获得由纺织行业生产力促进中心和北京纺织工程学会组织的"铜牛杯"第 9 届功能性纺织品及纳米技术应用研讨会论文创新奖；论文《共聚型抗静电细旦皮芯涤纶聚酯纤维长丝生产工艺的探讨》获得由中国西部可持续发展研究院组织的全国社会科学理论创新优秀论文奖一等奖；3 篇论文入选《中国现代化建设的理论与实践》大型文献丛书第 2008 卷；"具有吸湿透气消光特征的毛毛虫形纤维"项目获得 2019 年度省级工业新产品三等奖；"纺织工程专业课程教学现状及存在问题探讨"和"相变材料在纺织品应用形式研究"国家级课题，于 2016 年获得教育科研成果一等奖。

2011 年入选杭州市 131 人才培养第三层次；2012 年受聘东华大学材料学院硕士研究生校外导师；2015 年入选杭州市萧山区社会科学人才库；

2016 年入选浙江省 151 人才培养工程第二层次；2017 年入选浙江省技术专家库专家、国家高新技术企业评审专家；2017 年入选义乌市拔尖人才及义乌市 133 人才培养工程第一层次；2018 年入选义乌市技术专家人才库；2020 年入选浙江省职称评审专家库。

张赵根

男，1973年9月生。安徽桐城人。副教授，1997年毕业于中国地质大学，1997—2004年在武汉生物工程学院从事教学与管理工作，2004年调至杭州职业技术学院工作至今。2002—2005年就读于武汉大学，获得法学硕士学位。2018年在国家教育行政学院参加第16期浙江省高校中青年干部培训班学习，2019年在德国雅各布大学参加国家"工匠之师"创新团队研修学习。现任杭州职业技术学院商贸旅游学院党总支书记、院长，兼任全国跨境电商综试区职教集团常务副秘书长、全国电子商务职业教育教学指导

委员会商业文化传承与创新工作委员会委员、网店运营推广"1+X"试点专家委员会委员、浙江省高校创业学院联盟副理事长、杭州市大学生创业导师。主要研究方向为高职教育管理、创新创业教育。

主持完成教育部国家骨干校重点项目"高职学生创业能力培养体系"建设，将创业园建成全国高职第一个国家级大学生科技创业见习基地，创业学院建成省示范性创业学院；牵头推进"3334"创新创业教育模式改革，成果作为案例写入全国高职人才培养质量年报，并先后两次入选全国高职优秀案例；学校先后获评"全国高职创新创业示范校""全国创新创业教育典型经验高校50强"，并作为全国唯一高职院校在教育部表彰大会上作典型交流，推动学校创新创业教育改革走在全国前列。

创造性地推进"青少年职业体验中心"建设，牵头开发了60余门职业体验课程，在全国首推高职教育反哺基础教育模式取得显著成效；牵头筹建彩虹鱼康复护理学院，完成了专业申报、培养方案制订、实训室规划等工作，实现了学院建设的"从无到有"，为积极应对杭州人口老龄化问题搭建了人才培养平台；牵头成立全国跨境电商综试区职教集团并当选理事长单位，搭建了引领区域高职院校创新发展的全国性大平台；创新推进新商科专业基于真实工作任务的"课岗赛证创"综合育人模式改革，引领带动电子商务专业获评国家级骨干专业，电子商务专业团队入选首批国家级职业教育教师教学创新团队，现代物业管理专业入选国家级现代学徒制试点专业。作为核心成员参与了国家"双高"校、国家骨干校、省优质校、国家级教学成果奖、四年制试点等重大项目的申报与建设。

主要奖项及荣誉：（1）奖项：2014年国家级教学成果奖二等奖、浙江省教学成果奖一等奖（2/5），2016年浙江省教学成果奖一等奖（4/5），2018年国家级教学成果奖一等奖（5/7），2022年浙江省教学成果奖一等奖（2/5）。（2）荣誉：2013年杭州教育系统优秀教育工作者，2016年杭州市131人才培养第二层次，2018年享受杭州市政府特殊津贴专家，2020年杭州市优秀教师，2020年杭州市C类高层次人才。

张中明

　　男，1959年9月生，上海人。1988年毕业于杭州钢铁厂职工大学电子计算机应用专业，1998年毕业于浙江工业大学工业电气自动化专业，先后任职于浙江横山铁合金厂和浙江威盛自动化有限公司技术部门，2007年以后任教于杭州职业技术学院数控技术专业。现在已经退休，四级教授。曾兼任浙江省职业技能鉴定指导中心"机床装调维修工"考评员、杭州市公共实训基地电工电子类实训教师、杭州市高技能人才（劳模）创新工作室"杭州职业技术学院张中明数控维修创新工作室"主持教师等。

　　从事铬铁合金生产过程自动化的研究与实践工作，主要方向是企业设

备技术升级与改造。1979 年 10 月至 2001 年 10 月期间在浙江横山铁合金厂担任技术员和工程师职务。曾获得浙江横山铁合金厂合理化建议评审委员会审定的技术进步奖。发表论文《铬铁合金精炼炉计算机配料系统》（《冶金自动化》2000 年第 2 期），《线位移测量装置在埋弧炉电极控制中的应用》（《冶金自动化》2001 年第 1 期），《中子测水仪在铬铁合金埋弧炉配料控制中的应用》（《自动化仪表》2001 年 7 月），《热兑法微碳铬铁生产中的称量控制系统》（《铁合金》2000 年第 3 期），《无水氢氟酸生产过程自动化控制系统》（《计算机测量与控制》2002 年第 4 期）。

从事分散型控制系统的工程研究与实践工作，主要方向是复杂规律控制。2001 年 11 月至 2007 年 2 月在浙江威盛自动化有限公司担任高级工程师职务。带领的技术团队先后参与了山西美锦集团、山西金业集团、山西宏特化工集团、山西铝厂以及石家庄制药厂等特大型工业企业的分散型控制系统的安装、调试和投运，其间共主持了 20 余项工程项目。发表论文《煤沥青最佳热处理工艺条件的研究》（《煤炭学报》2009 年第 12 期），《基于实验法的焦炉集气管压力数学建模及调节》（《工程设计学报》2009 年第 3 期），《煤焦油蒸馏自动控制系统的设计》（《煤炭科学技术》2007 年第 3 期），《基于神经网络的青霉素发酵控制系统研究》（《电气传动》2007 年第 11 期），《焦炉集气管压力数学建模及自动调剂的实现》（《中国矿业》2007 年第 3 期）。

从事机械工程教学与研究工作。2007 年 2 月至 2019 年 9 月在杭州职业技术学院任职副教授与教授。进入数控技术专业之后，开设如下课程：PMC 程序编制与调试、机床电气组装与调试、机床故障诊断与维修、液压气压传动与控制、电气控制、专业英语、C 语言、单片机原理等。

坚持科学研究与教学工作的统一。在以教学工作为中心的校园同样离不开科学研究项目的申报、审批和实施，先后成功申报了浙江省高等教育教学改革项目、浙江省社会科学界联合会项目、杭州市社会科学界联合会项目、浙江省教育厅科研项目以及杭州市教育局精品课程项目等，并以高质量的论文进行了结题。包括《顺序功能图的缺陷与改进研究》（《机床与液压》2015 年第 12 期），《刀库专用测试台的设计》（《机床与液压》2015 年第 22 期），《主轴径向跳动数字化测量仪表的设计》（《机床与液压》2016 年第 24 期），《数控机床工作台定位精度测试与动态补偿研究》（《机床与液压》2019年第6期）。此外，申请专利20余项，其中"一种测量主轴径向跳动的装置""用于检测和维修圆盘式刀库的工作台"和"主轴径向跳动测量装置"为国家发明专利。发表专著《FANUC数控机床PMC梯形图设计方法研究》，后经过内容扩充后改名为《数控机床PMC程序编制与调试》，一些兄弟院校的相关专业也采用该教材。

言传身教，带领学生参加各类技能大赛以拓展学生的职业发展空间。先后带领学生参加了各类技能和创新大赛并获得了好成绩。其中，2011年11月指导学生的参赛作品"数控刀库测试装置制作"获得浙江省第三届高职高专院校"挑战杯"创新创业竞赛一等奖，2011年12月带领学生的参赛作品"嵌入式注塑机机械手控制系统制作与应用"获得2011年度市属高校大学生创新活动成果一等奖，2012年5月带领学生参加浙江省高职高专院校技能大赛"数控机床调试、维修与升级改造项目竞赛"获得一等奖，2013年4月带领学生参加浙江省高职高专院校技能大赛"数控机床装配、调试与维修项目竞赛"获二等奖，2014年4月带领学生参加浙江省高职高专院校技能大赛"数控机床装调、维修与升级改造"项目竞赛获三等奖。2013年8月亲自参加教学技能大赛，作品《24工位数控加工中心刀库测试》在全国高校微课教学比赛浙江赛区获得二等奖。在2016年荣获学院第二届"最受学生欢迎的教师（十佳）"光荣称号。

积极参与社会服务。退休之后，继续承担数控技术专业部分课程的教学工作，特别是协助数控技术专业在社会服务中对浙江浪潮精密机械有限公司的刀具自动焊机设备进行工程设计、理论研究和设备投运工作。

章瓯雁

　　女，1973 年 3 月 16 日生。浙江温州人，中共党员，教授，国家"万人计划"教学名师，全国优秀教师，浙江省优秀教师，黄炎培职业教育杰出教师，杭州市最美教师。1996 年 7 月大学毕业后分配至温州商校任教，2012 年 2 月调入杭州职业技术学院担任服装设计与工艺专业教师。

　　学术任职：全国纺织服装职业教育教学指导委员会委员，中国纺织工业联合会理事，全国高职服装专业指导委员会副主任委员，纺织服装研究出版中心学术委员会学术专家，浙江科技学院硕士生导师，浙江理工大学外聘教授，浙江省图书馆客座教授。

　　主要研究方向：服装设计，服装立体造型以及职业教育教学改革。

代表性成果：主持"服装立体裁剪"国家课程思政示范课、"服装立体裁剪"国家精品课程；"礼服立体裁剪"浙江省精品在线开放课程；主编《服装立体裁剪项目化教程》（"十二五"职业教育国家规划教材）、《服装立体裁剪》（"十三五"职业教育国家规划教材）、《立体裁剪数字课程》（"十三五"职业教育国家规划教材）、《礼服立体裁剪数字课程》（浙江省普通高校"十三五"第二批新形态教材）、《服装款式大系》（共6册，纺织服装类"十三五"部委级规划教材）。

获得的奖项及荣誉："小工坊大秀场：服装设计与工艺专业群个性化人才培养模式改革与创新"获浙江省教学成果特等奖（主持）、"基于校企共同体的服装专业人才培养模式创新与实践"获国家教学成果一等奖1项（4/7），主持并获中国纺织工业联合会教学成果一等奖4项，分别为：中国纺织工业联合会教学成果一等奖：服装设计与工艺专业"三线驱动"个性化人才培养模式的改革与实践；中国纺织工业联合会教学成果一等奖：基于数字校园学习平台的信息化教学模式改革与实践；中国纺织工业联合会教学成果一等奖：基于校企共同体的工作室个性化人才培养模式改革与实践；中国纺织工业联合会教学成果一等奖：高职服装立体裁剪课程项目化教学改革与实践。获全国高校微课教学比赛一等奖1项、全国职业院校信息化教学大赛二等奖1项，6次获全国职业院校技能大赛优秀指导教师，国家级技能大赛优秀裁判员。

赵洪山

男，1969 年 11 月生。河南郸城人，2012 年毕业于中共中央党校，获经济学博士学位，1987 年 8 月参加工作，先后任职于河南省郸城县宁平中学、河南省郸城县委党校、浙江省湖州市委党校。2012 年 8 月后任教于杭州职业技术学院，现为商贸旅游学院市场营销专业教授、第三党支部书记，浙江省《资本论》与市场经济研究会理事，杭州市"十四五"哲学社会科学学科专家组专家。

主要从事劳动经济学和职业教育研究，研究方向为劳动就业和收入分配。出版学术专著《我国劳动者报酬份额变动趋势的研究》，在《社会科学战线》《红旗文稿》《理论探索》《宁夏大学学报》等学术期刊发表CSSCI 论文 8 篇。针对学界关于"李嘉图应用机器对劳动者就业的影响"的争论，发表了《李嘉图"应用机器影响劳动者阶级利益"的观点及省思》。

课题研究直面经济社会发展重大问题。对人工智能影响就业和收入分配进行了深入探讨，主持该领域的浙江省哲学社会科学规划课题 3 项、浙

江省科技厅软科学规划课题 1 项。结合浙江"高质量建设共同富裕示范区"，主持厅级重点招标课题和一般课题各 1 项，积极为共同富裕示范区建设提供咨询；累计主持厅级课题 20 余项。成果得到了相关部门的积极肯定："环太湖区域收入分配研究"获得浙江省委省政府调研成果三等奖，"完善政府在构建劳资关系和谐企业中的主导作用"获得人力资源和社会保障部论文三等奖，"劳动年龄人口变动和经济转型升级研究"获得浙江省统计局招标课题一等奖，"新时代建立相对贫困长效机制的浙江探索"获得浙江省民政厅课题成果二等奖，课题"疫情冲击下杭州发放数字消费券的政策实施及绩效分析"与"最低工资制度影响劳动收入份额的机理及共享发展路径"分别获得杭州市人民政府研究室、杭州市委杭州市人民政府咨询委员会、杭州市社会科学院和杭州市社会科学界联合会二等奖和三等奖。

　　注重学生职业技能提升。指导学生参加市场营销技能大赛，获得浙江省一等奖和二等奖；参加创新创业技能大赛，获得浙江省第五届挑战杯大赛二等奖；参加校级创业金点子大赛，获得二等奖。

　　获得浙江省党校系统先进个人、杭州职业技术学院优秀教师和优秀共产党员等荣誉称号，被学院学生评为"我最喜欢的老师"。

郑小飞

男，1971年10月生。浙江平阳人。1994年毕业于浙江丝绸工学院服装设计专业。毕业后任职于杭州浙高丝绸服装有限公司，1997年离职自主创办女装企业，2004年4月调入杭州职业技术学院艺术系，先后担任服装设计专业负责人，达利女装学院党总支副书记，现任达利女装学院执行院长。曾兼任浙江服装行业协会服装制版师分会副会长、浙江纺织工程学会常务理事、全国纺织服装职业教育教学指导委员会服装专业教学指导委员会委员，浙江图书馆文澜讲坛客座教授，多次担任省市、国家级服装技能大赛的命题专家、大赛裁判等。

先后获杭州市优秀教师、浙江省技术能手、浙江省教坛新秀、杭州市首届黄炎培杰出教师奖、浙江省优秀教师、全国纺织服装行业职业教育先进工作者、浙江省千名好支书、杭州市最强领头雁等荣誉称号。

主要研究方向：服装设计与服装制版。主持杭州市精品课程"秋冬女装制版与工艺"，主编《秋冬女装制版与工艺》教材，主持国家传统手工业（非遗）技艺传习传承与创新教学资源库"全形拓"课程建设，出版专著《职业院校专业群个性化人才培养模式创新与实践》，负责"服装制版师"岗位技能等级标准题库开发工作，参编《学生职业素养教程》，多次指导学生参加全国职业院校技能大赛获得金奖，获全国职业院校技能大赛高职组服装设计赛项优秀指导教师称号，指导学生制作的作品被国家博物馆永久收藏。

多次获省级及以上教学成果奖，"基于校企共同体的服装专业人才培养模式创新与实践"获职业教育国家级教学成果一等奖，"以岗位综合职业能力培养为核心的服装设计专业人才培养模式创新与实践"获浙江省教学成果二等奖，"服装专业中高职一体化人才培养方案开发与实施"获中国纺织工业协会教学成果一等奖，2021年获浙江省教学成果特等奖。

郑永进

男，1979 年 7 月生。安徽含山人。杭州职业技术学院发展研究中心教授、博士，教育部职业院校教育类专业教学指导委员会公共基础课程专业委员会委员，全国现代学徒制工作专家指导委员会青年专家，杭州市哲学社会科学联合会理事。

近年来，在《教育研究》《中国高教研究》《高等工程教育研究》和《中国职业技术教育》《职业技术教育》等教育类核心期刊发表学术论文 10 余篇，在《光明日报》《中国教育报》《中国建设报》等发表观点文章 4 篇；主持完成教育部人文社科青年基金项目 1 项，主持在研浙江省哲学社会科学规划重点课题 1 项、浙江省哲学社会科学规划课题 1 项、教育部教师司国家级教师教学创新团队科研课题 1 项、浙江省教育科学规划课题 1 项，其他省级教科研项目 2 项；参与国家社科基金项目 2 项，其他省部级科研项目 6 项；获全国教育科学研究优秀成果三等奖 1 项、浙江省哲学社会科学优秀成果二等奖，职业教育国家级教学成果一等奖、二等奖各 1 项，省级教学成果特等奖 1 项、一等奖 2 项、行业类教学成果一等奖 1 项。

支明玉

女，1972年2月生。河北定州人。中共党员，工程硕士，教授（高工）职称。1995年7月毕业于浙江工商大学食品系食品工程专业，2007年调入杭州职业技术学院工作，目前任生态健康学院食品检验检测技术专业负责人，分院第四党支部书记，杭州市营养学会理事。

主要研究方向：食品检测、工艺技术。

代表性成果：（1）课题：主持完成浙江省自然基金课题"鳕鱼皮胶原小肽铁螯合物在胃肠道中的稳定性及其在模式细胞中的吸收机制研究"，主持完成浙江省科技厅分析测试课题"肉与肉制品中新型兽药残留快速检测技术研究"；主持完成省教育厅课题"超微绿茶粉酸奶生产工艺研

究"和"高职学生教学做一体化教学过程中职业素养培养实践与研究"。
（2）论文：被 SCI 收录论文 3 篇，Effects of Organic Copper on Growth Performance and Oxidative Stress in Mice（*Biological Trace Element Research* 2019，06）；Complex Formation Constant of Ferric ion with Gly Pro-Hyp and Gly-Pro-Hyp（*RSC Advances* 2018，8）；Extraction of Total Triterpenoids from Raspberry Fruit and Evaluation of their Effects on Human Hepatocellular Arcinoma Cells（*Food Science and Technology*，2022，05）；在《浙江大学学报》《色谱》等刊物发表核心论文 6 篇，在《农产品加工》《浙江工业大学学报》《教育教学坛》《职业与健康》等期刊发表专业论文 4 篇。（3）出版教材：主编浙江省重点建设教材《实用微生物技术》，杭州市公共实训基地培训教材《微生物检验技术及实训指导》，副主编教材《药学微生物》。（4）指导学生竞赛：指导学生参加浙江省第三届高职高专院校"挑战杯"竞赛，获得技术革新类竞赛一等奖和创业竞赛类二等奖；指导学生参加浙江省农产品检测大赛，获得二等奖 4 项、三等奖 3 项。（5）教学业绩连续 9 年为 A。

个人荣誉：曾获得"杭州市师德先进个人""杭州市教育局系统优秀教师""杭州市巾帼先锋""浙江省高校优秀共产党员""浙江省高校最美志愿者"等荣誉称号。

周水琴

女，1978 年 5 月生。浙江萧山人。1997—2004 年就读于浙江大学，2004 年至今，在杭州职业技术学院从事模具设计与制造、城市轨道交通机电技术专业相关教学，曾先后担任专业负责人，2013 年获浙江大学博士学位，2017 年赴美国密苏里大学访学一年。

研究方向为机器视觉、设备自动化。

代表性研究成果：

（1）主要课题：浙江省公益项目"低成本高通量植物表型平台构建与信息提取技术研究"；杭州市科技局项目"高通量植物表型平台关键技术及点云图像处理技术研究""基于 GPS 和视觉的无人插秧机自主导航技术研究""禽蛋安全生产溯源系统研究"；浙江省科技厅重大项目"水产品安全与质量信息溯源技术研究与系统开发"（2/9）；浙江省自然科学基金"LED 前照灯车灯模具及延寿技术研究"（2/5）；浙江省教育厅项目"基于微课的翻转课堂模式在模具 CAD/CAM 教学中的应用与实践"；浙江省社科联项目"基于区域经济发展的制造类学生顶岗实习长效机制研究"。

（2）发表论文：Development of an Automated Plant Phenotyping System for Evaluation of Salt Tolerance in Soybean；《基于形态学的香梨褐变核磁共振成像无损检测》《基于核磁共振成像的水果轻微损伤研究》；New and Old Bruise Detection on Chinese Pears Using Nuclear Magnetic Resonance Imaging；Autonomous Guidance for Rice Transplanter Fusion of Machine Vision and Global Positioning System；One Pot Synthesis of Fe_2O_3-reduced Graphene Nano-composite as Cathode Material for Lithium Ion Batteries;《禽蛋安全生产追溯系统设计》《基于 PLC 的矿用无极绳绞车变频控制系统设计》；

（3）部分专利："一种自动混合洗涤剂的水阀"；"一种播种装置"；"大豆烘干装置"；"具有定位结构的机械冲压模具"；"A High-throughput Plant Phenotyping Platform and Information Processing Technology"；"一种多度可调汽车灯具夹具"。

（4）著作：《大学生机械创新设计及其能力提升探索与实践》。

获奖：入选杭州市 131 中青年人才培养计划人选；获国务院委托课题"职业院校创业教育研究及系列教材开发工程"论文二等奖（3/4），曾多次指导学生参加技能竞赛、挑战杯等比赛并获奖。

社会兼职：中国计量大学质量与安全工程学院兼职硕士生导师，浙江省轻工业品质量鉴定专家。

周小锋

女，1959年12月生。浙江省杭州市人，大学本科，工学士，教授。

1980年毕业于杭州师范大学化学系，1998年毕业于浙江大学管理工程专业。2001年3月—2003年6月在浙江工业大学技术经济及管理工程专业研究生课程班进修结业；2005年3月—2007年6月在浙江大学环境科学专业研究生课程班进修结业；2012年9月—2013年6月作为浙江工业大学国内访问学者（FX13001）。取得了高级技师国家职业资格（化学检验工）、国家职业资格鉴定高级考评员资格（化学检验工）。国家清洁生产审计师资格。

1980年7月起在杭州市化工系统职工大学从教，直至2019年12月退休。工作期间个人发展与学校发展同行，随着学校不断变迁发展，历任杭州化工系统职工大学教师、杭州市职工大学三校区实训部主任，杭州职业技术学院化工系教务主任、化工系主任、临江学院院长、正处级调研员。曾任国家化工行业特有工种职业技能鉴定站（杭职院）站长、全国化工行业高等职业教指委"工业分析与检验专业委员会"委员、全国化工行业职业技能鉴定技术委员会"化工分析及水处理专业技术委员会"委员、中国化工教育协会理事、中国化学学会浙江分学会理事等。任杭州市职业技能能力鉴定专家（杭州市人社局）、杭州市中职实习指导教师资格评审专家（杭州市教育局）、杭州市中等学校教师资格评审专家（杭州市教育局）。曾承担浙江省中高职相关职业技能大赛仲裁长、裁判长，全国化工技能大赛组委、裁判。

主要教学及研究方向：化工及分析测试、环境监测与仪器分析。

主要成果及荣誉：

浙江省级精品课程"日化产品质量控制分析检测"课程负责人、首批高等学校省级精品在线开放课程"日化产品质量控制分析检测"课程负责人。浙江省示范性高职院校建设（省财政支持重点专业建设项目）"精细化学品生产技术专业及专业群"项目负责人，杭州市重点实验室建设项目"绿色精细化工研究与技术转化重点实验室"项目负责人，任重点实验室主任。获"杭州市科技创新十佳高校院系、科研院所（杭州市人民政府办公厅）"称号（负责人）。承担浙江省科技计划项目"基于 SFE-GC/MS、SFE-HPLC 对环境内分泌干扰素烷基酚（NPOP）分析方法研究"、参与省自然基金项目"离子色谱 - 蒸发光散射 / 电喷雾检测双膦类药物技术研究"，负责或参与多项省部级及市厅级科研项目，获浙江省高校科研成果奖（三等奖）、相关系列论文获浙江省自然科学优秀论文奖，获"一种用于微量苯酚的自动前处理装置"等多项国家专利。曾率领教师团队指导学生参加全国化学检验工职业技能大赛获一等奖（三连冠），并获优秀指导老师称号；指导学生获浙江省高职高专院校挑战杯创新创业竞赛一等奖、特等奖等。多次被评为杭州市优秀教师、杭州市优秀教育工作者等，曾获杭州市属高校优秀教改成果奖。

发表论文：Separation of Cordycepin from Cordyceps Militaris Fermentation Supernatant Using Preparative HPLC and Evaluation of Its Antibacterial Activity as an NAD+ -dependent DNA Ligase Inhibitor（被 SCI 收录）；Anti-Proliferative Constituents from Selaginella Moellendorffii（被 SCI 收录）；《基于 SFE-GC_MS 检测烷基酚（OP）的前处理方法研究》、《薄层法测定蔬菜中辛硫磷农药残留的展开剂选择研究》、《2- 对氟苯基 -5- 羟基嘧啶的合成及表征》、《5- 甲氧基 -2- 环丙胺基嘧啶的合成研究》、《农村污染缓流水体的修复研究》《关于 NCLS 处理污水中重金属阳离子的研究》等 30 余篇科研论文，主编浙江省重点建设教材《日化产品质量控制分析检测》。

邹宏秋

女，1969 年 9 月生。黑龙江人。1989年毕业于齐齐哈尔师范学院，2002 年取得东北师范大学硕士学位。先后执教于齐齐哈尔轻工学院、齐齐哈尔大学、浙江金融职业学院，2021年以后任教于杭州职业技术学院，现任马克思主义学院党总支书记、三级教授、校学术委员会成员，兼

任教育部高校思想政治理论课教学指导委员会"高职高专思想政治理论课"分教学指导委员会委员，浙江省高校思想政治理论课教学指导委员会委员，全国高职高专院校思想政治理论课建设联盟副秘书长，长三角高职高专院校思想政治理论课建设联盟秘书长，浙江省高校"毛泽东思想和中国特色社会主义理论体系概论"课程研究会副会长，中国科学社会主义学会当代世界社会主义专业委员会理事；杭州市政协委员，全国高校"数字马院"联盟理事。全国高校思想政治理论课教师 2016 年度影响力标兵人物，全国高校优秀中青年思想政治理论课择优资助教师，全国高校思想政治理论课名师工作室建设项目负责人，浙江省新世纪 151 第三层次人才。

近年来荣获浙江省高职院校教学能力比赛特等奖、浙江省教学成果奖

（高职教育类）二等奖（1/6）、职业教育国家级教学成果奖二等奖（4/13）、浙江省高等教育教学成果奖二等奖（3/5）、全国职业院校文化素质教育教学成果奖二等奖（1/5）等教学奖项 10 余项；荣获全国职业教育优秀论文评选二等奖、中国伦理学会德育专业委员会课题研究优秀成果一等奖、中国高等职业技术教育研究会优秀教育研究成果三等奖、全国高职高专党委书记论坛论文评审一等奖、浙江省高等职业教育研究会学术交流征文一等奖等科研奖项 10 余项。主持教育部高校马克思主义学院和优秀教学科研团队建设项目等省部级课题 3 项，作为负责人承担教育部高校思想政治理论课教师研究专项重大课题攻关项目子课题 1 项。出版专著《社会主义核心价值体系教育论纲》《高职院校思想政治理论课教学模式研究》2 部，参编教育部组织的马克思主义理论研究和建设工程重点教材配套用书《"思想道德修养与法律基础"学生辅学读本（高职高专版）》《"思想道德修养与法律基础"课教学建议（高职高专版）》2 部，参编浙江省高等学校德育统编教材《中国特色社会主义在浙江的实践》等多部。在《中国高等教育》《思想理论教育导刊》《光明日报》等报刊发表学术论文 50 余篇，多篇被人大复印资料全文转载。代表性论文有《高品质思想政治理论课的辩证逻辑与实践路径》《新时代高职院校马克思主义学院的使命担当》《培育高职院校思政课政治品格与理论魅力的专题教学探析》《数字化时代职业教育"三教"改革的政策理路与实践进路》《数字化时代职业院校"三教"改革的实然之境与应然之境》《价值观培养，高职教育不能缺少》《构建"双融合"教学模式加强高职公共艺术教育》《全面实施素质教育 实现高职教育科学发展》《着眼教学实效 探索高职思政课与专业教育融合新路径》《高校女教师职业认同与性别认同的和谐路径探析》《以社会主义核心价值体系引领价值认同》《坚持以社会主义核心价值体系引领高等职业教育发展》等。《科学把握新时代"重要窗口"的核心要义》《美丽乡村建设实践中的哲学思维》《理想信念是精神上的"钙"——中共党员在国民党浙江陆军监狱的斗争》等文章和微视频多次登载《学习强国》，其中《美丽乡村建设实践中的哲学思维》被《浙江日报》《中国社会科学网》《中国文明网》《浙江在线》等全文转载。

从事思想政治理论课教育教学工作 29 年，坚持以真情与真理的交汇浇灌学生内心深处的信仰和希望之花，展现了严谨求实的理论品质和敬业奉献的人格魅力，连年被评为学校优秀教师、教学名师、品位教师，荣获浙江省高校"三育人"工作先进个人、浙江省高等学校优秀社团指导老师等荣誉称号、全国高校思想政治理论课教师影响力标兵人物。2017年受聘担任教育部社科司全国高校思想政治理论课教学质量年特邀专家，参加全国思想政治理论课听课指导工作，承担并圆满完成浙江省18所高职高专院校思想政治理论课听课指导任务。由教育部主管、高等教育出版社主办的《思想理论教育导刊》在2017年第7期专题刊发文章《丹心倾思政　铸力育英才——记浙江金融职业学院马克思主义学院邹宏秋教授》，讲述其先进事迹。2018年4月入选《思想理论教育导刊》2018年第3期封面"风采"人物。

社会服务方面，受聘担任陕西职业技术学院思想政治理论课特聘教授、兼任学院习近平新时代中国特色社会主义思想联合研究中心、毛泽东思想学院特聘研究员；阿克苏职业技术学院客座教授；嘉兴市红船精神教育实践中心特邀研究员和嘉兴职业技术学院马克思主义学院高级顾问；浙江经贸职业技术学院马克思主义学院学科建设指导委员会委员、兼职教授，马克思主义研究宣传中心兼职研究员；浙江同济科技职业学院马克思主义学院发展建设校外专家指导委员会委员等。

充分发挥邹宏秋全国高校思想政治理论课名师工作室和相关社会兼职的平台作用，主办9届浙江省高职院校思想政治理论课教师教学技能大赛（2012—2021），主办（协办）6届全国高职高专院校马克思主义学院书记院长论坛（2016—2021），在全省高职院校思想政治理论课建设和青年教师培养方面发挥了突出作用，在全国高职院校马克思主义学院建设和思想政治理论课教学改革等方面发挥了较好的引领和示范作用。

曹爱娟
Cao Aijuan

东华大学　工学博士

曹文英
Cao Wenying

东华大学　工学博士

陈德文
Chen Dewen

华中农业大学　工学博士

陈　明
Chen Ming

浙江大学　工学博士

陈云志
Chen Yunzhi

浙江大学　医学博士

崔荣江
Cui Rongjiang

浙江理工大学　工学博士

段文凯
Duan Wenkai

浙江工业大学　工学博士

伏志强
Fu Zhiqiang

上海大学　法学博士

葛　满

Ge Man

浙江工业大学　工学博士

郭美玲

Guo Meiling

南洋理工大学　哲学博士

郭伟刚

Guo Weigang

浙江工业大学　工学博士

何兴国

He Xingguo

北京师范大学　教育学博士

黄一鸣

Huang Yiming

曼彻斯特大学　哲学博士

金　波

Jin Bo

北京师范大学　教育博士

李兰友

Li Lanyou

南京工业大学　工学博士

李永祥

Li Yongxiang

上海交通大学　工学博士

林　辉

Lin Hui

浙江工业大学　工学博士

刘婷婷

Liu Tingting

浙江大学　工学博士

陆　茜
Lu Qian

马来西亚工艺大学　哲学博士

吕路平
Lü Luping

浙江工业大学　工学博士

莫根林
Mo Genlin

南京理工大学　工学博士

沈陆娟
Shen Lujuan

浙江大学　教育学博士

苏　焕
Su Huan

浙江大学　工学博士

苏一畅
Su Yichang

吉林大学　工学博士

陶　园
Tao Yuan

东华大学　工学博士

王惠姣
Wang Huijiao

浙江大学　工学博士

王　洁
Wang Jie

浙江工业大学　工学博士

王俊杰
Wang Junjie

华中师范大学　教育博士

王 烜
Wang Xuan

中南财经政法大学
经济学博士

王 震
Wang Zhen

浙江大学　工学博士

王志强
Wang Zhiqiang

东南大学　法学博士

吴 敏
Wu Min

浙江工商大学　工学博士

徐海燕
Xu Haiyan

浙江工商大学　管理学博士

徐时清
Xu Shiqing

中科院上海光学精密机械所
工学博士

徐亚丹
Xu Yadan

浙江理工大学　工学博士

徐志强
Xu Zhiqiang

华东政法大学　法学博士

叶鲁彬
Ye Lubin

浙江大学　工学博士

于文博
Yu Wenbo

浙江工业大学　医学博士

袁稳沉
Yuan Wenchen

香港大学　哲学博士

詹伟华
Zhan Weihua

南昌大学　理学博士

张洪利
Zhang Hongli

江苏大学　工学博士

张明丽
Zhang Mingli

华东师范大学　工学博士

张守运
Zhang Shouyun

东华大学　工学博士

张　伟
Zhang Wei

浙江大学　工学博士

张永昭
Zhang Yongzhao

浙江工业大学　工学博士

赵洪山
Zhao Hongshan

中共中央党校　经济学博士

郑永进
Zheng Yongjin

南京大学　教育博士

周水琴
Zhou Shuiqin

浙江大学　工学博士

朱振亚
Zhu Zhenya

西安建筑科技大学　工学博士